신학총서 3권

Accent 하나 !

여자 사도 유니아에 대한 고찰

황영자

총신여동문

Accent 하나! 여자 사도 유니아에 대한 고찰

저 자 황영자(강영자)
발행일 1판1쇄 2020. 10. 30.
발행인 서영희
발행처 헵시바총신여동문
주 소 서울시 구로구 남부순환로 105길 14 인화오벨리아 315호
전 화 02-837-9296
E-mail holyhi@hanmail.net
디자인 카도쉬북
ISBN 979-11-961100-7-9
ISBN 979-11-961100-6-2 (세트)

값 10,000원

Accent 하나 !

여자 사도 유니아에 대한 고찰

총신여동문

차 례

제1장 서론

제2장 성에 대한 토론

신학총서 제3권을 발간하며

　총신신대원 여동문회 헵시바총신여동문 출판부에서는 (고)황영자 박사님의 박사논문 "바울서신의 남녀관"을 신학총서 1,2권으로 출간한 데 이어 석사논문 "Accent 하나! 여자 사도 유니아에 대한 고찰"을 신학총서 3권으로 펴내게 되었습니다.

　이 논문은 유니아에 대한 헬라어 문법, 사본학, 고증학, 해석학의 원리들을 적용해 사도 바울이 로마서 16:7에 문안하라고 한 유니아가 여성이며 사도임을 증명하고 있습니다.

　유니아는 여성 사역의 성경적 모델이며 새로운 가능성입니다. 여성에게서 남성의 보조자로서의 역할만을 기대하며 제한하는 오늘날 사역현장을 바라보면 어쩌면 초대교회 때보다 더 차별적이고 비합리적인 환경이 아닐까 하는 생각이 듭니다. 우리가 마주하고 있는 현실의 벽은 높고도 견고한 진과 같아 그 현실을 헤쳐나가는 우리로서는 계란으로 바위를 치는 것 같은 상황이지만, 이럴 때일수록 성경 원문에 근거하여 철저히 원래의 의미를 드러내기 위해 진지하게 탐색하고 연구한 (고)황영자 박사님의 본 논문이 더욱 의미 있게 빛을 발한다고 생각합니다.

　성별이 아닌 받은 사명과 달란트에 따라 교회와 하나님 나라를 섬길 수 있기 위해서는 의식의 변화와 함께 제도의 개혁이 필요합니다. 이것은 우리의 사역이 아니라 하나님의 사역이기에 아무도 알아주지 않을지라도 우리가 분명한 성경적 소신과 철학을 가지고 최선을 다해 사역의 길을 묵묵히 걸어갈 때 하나님께서는 새로운 길을 여시고 놀라운 일들을 이루실 것입니다. 이러한 일에 의미 깊게 사용될 수 있기를 간절히 소망합니다.

(고)황영자 박사님이 소천하신 지 어느덧 3년이 되었습니다. 암 투병 중에도 여성사역자들의 성경적 지위 향상을 위한 연구 논문의 완성을 위해 고군분투하시고 여동문들과 함께 한 국회 포럼에서 열정적으로 주제를 발표하시던 모습이 아직도 눈에 선합니다. 한국교회 여성 사역의 신학적 발전을 위하여 귀한 원고를 헵시바총신여동문 출판부에 기증해 주신 (고)황영자 박사님과 부군 황의각 장로님께 감사드립니다.

이 책이 출간되기까지 시간과 재능과 물질로 헌신하신 출판부와 기도로 동역하신 여동문들께 감사를 드립니다. 특히 논문 형태로 남아 있었던 본고의 원고를 타이핑해주신 김민경, 김예슬, 오연성, 이경숙, 이영희(112기), 이주연, 정진근, 최윤자 동문들에게 지면을 빌어 다시 한번 감사를 드립니다.

한국교회의 여성사역과 총신신대원여동문회의 역사를 써내려가는 길에 이렇듯 동문들이 함께 동역할 수 있음에 더욱 기쁨과 감사가 넘칩니다. 모든 동역자들의 앞날에 하나님이 함께 하시길 기도합니다.

2020년 10월 30일
총신신대원여동문회 회장 이영례

고인의 유작을 책으로 펴내기까지

　故황영자 박사가 남긴 논문을 3년에 걸쳐 세 권의 책으로 펴내는 작업을 주님의 은혜로 마치게 되었습니다. 여성 사역의 보다 명확한 성경적 근거를 찾기 위해 남은 생을 아낌없이 헌신한 고인의 간절한 열망을 담아, 보다 많은 사람들이 펼쳐볼 수 있도록 고인이 생전에 남긴 석사학위와 박사학위, 두 개의 논문을 헵시바총신여동문 출판부가 단행본으로 세상에 내어놓게 된 것입니다.

　신학총서 1권과 2권 추천글에서 그녀의 박사학위 지도교수였던 박형대 교수는 황영자 박사를 회고하길 "… 때로는 *TDNT*에 있는 긴 단어 설명을 온통 번역하시고는 '번역해야 이해된다'고 하셨고, 새로운 연구 주제에 직면할 때마다 관계된 원서를 사서 꼼꼼히 읽으셨고, 연구가 막힐 때마다 기도하시며 주님에게 지혜를 구하셨"다고 기억하고 있습니다. 이렇듯 학문에 임하는 그녀의 진지함은 유니아 논문에서도 유감없이 발휘되었습니다.

　이 논문이 쓰일 당시만 해도 이 주제와 관련한 국내 연구가 거의 전무한 상황이었기에 그녀는 유니아가 여성 사도임을 밝히기 위해 성경 원문과 씨름하며 방대한 해외논문과 참고문헌들을 섭렵하였고, 이 논문은 이러한 고인의 헌신적이며 선구적인 작업의 결실입니다.

　하지만, 논문이 통과된 당시와 비교해서 이 분야의 연구가 그리 활발하게 진척되지 않은 작금의 국내 상황에서 본 논문은 여전히 중요한 의미와 기회를 제공한다고 믿어 의심치 않으며, 그에 비해 본 논문의 내용이 후학들에게 그리 널리 알려져 있지 않다는 아쉬움에 총신신대원 여동문화에서는 몇몇 도서관에 납본되어 보관된 논문의 형태가 아닌, 누구나 접할 수 있는 단행본으로 발간하여 보다 많은 사람들이 손쉽게 접할 수 있게 해야겠다는 생각으로 본서를 기획하게 되었습니다.

논문이 발표된 지 20여 년 가까운 세월이 지난 후에 단행본으로 발간하는 것은 쉽지 않았습니다. 무엇보다 양평에 위치한 고인의 자택에서 고인이 생전에 사용하셨던 컴퓨터를 샅샅이 살펴보아도 본 논문의 원고를 찾을 수가 없었습니다. 편집자의 손에 들어온 논문은 심지어 헬라어와 라틴어 부분이 깨져 있었습니다. 게다가 글을 쓰신 저자도, 지도하신 교수님도 모두 고인이 되신 상황에 원고를 수정하거나 교정하는 데 한계가 있었습니다.

하지만 이러한 열악한 상황을 뛰어넘는 은혜와 도우심이 있었습니다. 원고를 구하지 못한 상황에서 헵시바총신여동문 출판 편집부는 결국 원고 전체를 일일이 타이핑하기로 하였고, 이 과정에서 동문들의 도움을 얻었습니다. 후에 원문 자체가 실린 텍스트 파일을 구하게 되어 영자체로 깨져 있었던 헬라어와 라틴어 등은 일일이 서체 변환을 하여 복구하였고, 복구된 원어 부분은 박형대 교수님께서 살펴봐주셨습니다. 유니아 원고를 박 교수님께 살펴봐주시기를 부탁드린다는 건 다소 뜬금없는 요청이었으나, 아마도 가슴에 묻은 노제자를 향한 애정이 있으시기에 가능했던 수고가 아니셨을까 생각해봅니다.

결정적으로 원고가 마무리되어가고 있을 시점에, 동문회 사무실 겸 그녀의 방대한 책을 풀어놓을 황영자 박사 기념 도서관이 극적으로 마련되는 일이 있었습니다. 20년 세월이 녹아 있는 원서와 연구 서적을 황의각 장로님이 후학을 위해 총신신대원 여동문화에 기증하였으나, 3년이 넘도록 황영자 박사의 방대한 책들은 풀어둘 곳이 없어 서영희 동문이 시무하는 한중사랑교회 목양실 다락에 쌓여 있는 상황이었습니다. 이에 신대원 시절에 황영자 박사와 같은 기숙사 방을 썼던 룸메이트 서순영 동문이 안채를 제공함으로 3년간 박스채로 쌓여 있었던 70

여개 분량의 책들이 봉인 해제되었고, 이 책의 마지막 교정을 보고 있을 즈음에 그 책더미에서 황영자 박사가 소지하고 있던 유니아 논문이 발견되었으며, 그 논문에는 고인이 직접 교정하여 꼼꼼하게 표시해둔 부분이 남아 있었습니다. 아마도 논문이 제본되어 나온 직후 발견한 오타로 인한 깊은 탄식과 아쉬움이 담긴 표시였으리라 생각합니다.

저자가 직접 교정한 논문 원본을 확보한 편집부에서는 헬라어와 라틴어를 원본대로 비교 대조할 수 있었으며, 저자가 직접 교정한 부분도 반영할 수 있었습니다. 또한 보다 수월한 이해를 위해 원래의 의미에 무리가 가지 않는 범위 안에서 다소 표현들을 수정하였습니다. 석사학위 논문으로 갖는 한계가 있음에도 불구하고, 글쓴이도 없고 직접 지도하신 정훈택 교수님도 계시지 않는 상황에서 논문의 내용을 추가로 교정하는 것은 합당하지 않을 것으로 가능한 한 원문 그대로를 살리는 방향으로 편집하였습니다.

고려대 경제학과 교수를 지낸 바 있는 그녀의 부군 황의각 박사는 평소에도 늘 아내의 박사학위 논문보다 "Accent 하나!"라는 타이틀로 풀어 낸 "여사도 유니아"에 관한 석사학위 논문의 가치를 더욱 높이 평가하며 이 책을 적극 추천한 바 있습니다. 고인이 연구하며 새롭게 발견하게 된 사실들을 열변을 토하며 남편과 함께 나누었을 모습들을 그려보게 됩니다. 20여년에 걸친 연구 기간 동안 초지일관 성경에 나온 여성 사역을 연구하였던 그녀가 아마도 가장 애정을 쏟았을 논문이 아니었을까 감히 추측해봅니다.

자신의 전부를 태우고 불꽃처럼 살아갔던(빌2:17) 바울과도 같이 자신의 마지막을 온전히 전제로 부어버린 고인의 삶의 여정에 함께 할 수 있었던 것은 편집자가 누릴 수 있었던 특별한 은총이었습니다.

2020년 10월 30일
편집부

감사의 글

하나님 아버지께서 마른 막대기 같은 무익하고도 무식한 이 딸을 부르시고, 소중한 한 말씀을 건네어 주시면서 함께 풀어 보자고 하시면서 다가오셨습니다.

그러나 저를 인도하신 곳은 깜깜하기만 한 동굴 속이었습니다. 분명히 함께 계실 텐데 보이지 않으시고, 너무나 암담하여 다른 도리 없이 소리를 내지를 수밖에 없었습니다. 그때마다 빛을 비추시며, 그 동굴 속에 쌓여 있는 수많은 책들을 보게 하셨습니다. 거기에는 아주 오래전부터 그 한 구절을 풀려고 노력했던 학자들의 연구로 꽉 차 있었습니다.

아버지의 인도하심과 학자들의 연구를 토대로 하여 저도 그 구절을 풀어 보고, 저의 정체성을 희미하게나마 깨닫게 되는 기회를 주셨습니다. 아직도 정체성 규명의 시작 단계에 있고, 그렇기 때문에 비록 하나님 아버지의 뜻을 알려주신 만큼 반영하지 못해서 미흡하기 그지없어 송구스럽기만 한 보잘것없는 논문이어서 내놓기가 부끄러울 뿐입니다. 그럼에도 불구하고 그동안 인도하셨음과 함께 풀어주셨던 시간에 대해서 하나님 아버지께 감사할 뿐입니다.

또한 하나님께서 빛을 비추어 주시면서 보게 하신 논문과 책들의 저자들에게 학문의 빚을 많이 졌습니다. 일면식도 없는 그분들이지만 그분들의 연구 업적을 통해서 자세한 가르침을 받으므로 가려졌던 부분들이 걷히는 것을 확인하였습니다. 2천년을 이어오며 이 한 구절 규명을 위해 헌신해 오셨던 신학자들께 감사와 존경의 마음을 갖게 되었습니다. 그분들 중에서, 오늘날 가장 가까이에서 부족한 논문을 세밀한 부분까지 평가하시며 좌로나 우로나 치우치지 말기를 당부하시며 지도해 주신 정훈택·이한수·김상훈 교수님들께 한 번 더 감사의 뜻을 전하고자 합니다.

학문하는 일과 교회사역으로 바쁘신 중에도 논문의 형태를 빚어주신 정명희·서순영 전도사님들과 유형석 목사님께도 사랑의 빛을 많이 졌습니다. 수고 많이 하셨습니다. 감사합니다.

마지막으로 가족들에게도 많은 사랑의 빚이 있음을 말씀드려야 할 것 같습니다. 어미의 연구를 위해 기도와 물심양면으로 후원해 온 자녀들, 사랑하는 미령, 세연, 지영, 국연에게 고마운 마음을 표합니다. 특히 논문 준비를 위해 동굴서재에 들어가자마자 이 세상에 태어난 사랑하는 손자 인준이를 마음껏 돌보아 주지 못한 할머니의 미안함은 여생 동안 마음의 큰 빚으로 남을 것입니다.

지난 7년 동안 아내의 평생소원인 신학연구를 기도하면서 후원해 오신 인준이 할아버지에게 감사의 뜻을 전합니다. 투병 중에서 영위하는, 나라와 후학을 위한 삶이 고통 그 자체였음에도 불구하고 아내의 손길이 미치지 못한 불편함들을 감내하시면서, 작은 일이지만 인류의 참자유를 위한 일에 기꺼이 동참해준 동지요 학부형인 남편에게 사람으로서 갖추어야 할 예의로 존경의 마음을 보냅니다.

하나님 아버지의 인도하심에 다시 한번 제일 큰 감사를 드립니다. 하나님 아버지께서 모든 분들께 저의 모든 사랑의 빚들을 풍성한 사랑으로 갚아 주시기를 바랍니다.

2003년 12월 29일
황영자

【 약어표 】

NA^{27} Novum Testamentum Graece Nestle-Aland 27판, 3쇄, 1995

UBS^4 The Greek New Testament, United Bible Societies 4판, 1994

NA GENT^8 Nestle Aland Greek-English New Testament 8판, 2쇄, 1998

ABD   Anchor Bible Dictionary

DJHG   Dictionary of Jesus and His Gospels

DLNTID Dictionary of the Later New Testament & Its Developments

DPHL   Dictionary of Paul and His Letters

EDNT   Exegetical Dictionary of the New Testament

GELNT   Greek English Lexicon of the New Testament

TDNT   Theological Dictionary of the New Testament

WBC   Word Book Commentary

AD   Apostoliki Diakonia(1988)

KJV   The Holy Bible, Authorized King James Version, Eyre and Spottiswoode Ltd., London

NASB   New American Standard Bible, 1997, The Lockman Foundation

NIV   The Holy Bible, New International Version, 1984, Zondervan

NRSV   New Revised Standard Version(1990)

REB   Revised English Bible(1989)

RSV^2 The Holy Bible, Revised Standard Version 2nd Edition, from NAGEN.T. 8th, 1998, Deutsche Bibelgesellschaft

TEV   Today's English Version(1971^2)

TR   Textus Receptus(1889)

WH   Westcott and Hort(1881)

Accent 하나 !

여자 사도 유니아에 대한 고찰

제1장 서 론

1.1. 문제 제기

로마서 16장 1~16절에는 많은 교회 사역자들이 바울에 의해서 추천과 문안인사를 받는 내용이 나온다. 그 중에서 7절 첫 번째 문장에 나오는 유니아의 성(性, gender)에 대해서 학자들 간에 이견이 대립되고 있다. 그 이견은 학자들 자신의 해석학적 전제와 교회 내 여성 사역에 대한 신학적 견해 차이 때문에 발생하는 결과물이라고 말할 수 있다.

학자들의 해석학적 전제에 기초를 제공하는 것은 첫째, 신약성경 사본에 따라서 다른 성이 나타난다는 점이다. 둘째, 두 번째 문장의 ἐπίσημοι ἐν의 해석이 각기 다르고 이에 따라 본문 전체의 해석이 달라지며, 동시에 유니아의 성 구분에도 영향을 미친다는 점이다. 그렇다면, 원어성경 사본의 표기가 어떻게 두 가지가 될 수 있으며, 동일한 ἐπίσημοι ἐν이라는 구절이 어떻게 두 가지로 해석될 수 있는가가 의문점으로 남는다.

구 프린스턴 학파의 Benjamin B. Warfield는 "성경은 성령의 영감으로 된 하나님의 무오한 말씀이면서, 동시에 영감된 인간 저자들의 개성이 그대로 살아 있는 인간의 책"이라는 성경관을 갖고 있다.[1]
그는 성령과 인간 저자들의 관계를 성당의 색유리창을 통과하는 빛

18

으로 비유함으로써, 인간 저자들의 오류가 불가피하게 성경 속에 들어 있다는 자들의 주장을 일축했다. 즉, 오류를 주장하는 사람들은 "성당 창문의 색유리를 통과하는 빛이 하늘로부터 오는 빛이지만, 그것이 통과하는 유리의 색조에 물들여지는 것처럼, 인간의 심혼을 통과하는 하나님의 어떠한 말씀도 그것이 주어지는 통로인 인간의 개성에 채색되어 나오는 것이 분명하며, 바로 그 정도만큼은 하나님의 순수한 말씀이 아니다"라고 말한다.

이 주장에 대해서 B. Warfield는 "그러나 건축가에 의해 색유리창의 색깔이 성당 속으로 밀려들어가는 빛 본래의 색조와 색질을 정확하게 해주기 위한 분명한 목적으로 고안되었다면 어쩌겠는가?"라고 반문함으로써 색유리창 비유를 통한 성경유오 주장을 배격한다. 그리고 성령과 인간 저자들의 동류적(concursive, confluent) 작용이 오류를 절대 불용하며 오히려 "그 작품에 인간의 힘만으로는 성취할 수 없는 신적 성질을 제공한다"고 했다.[2]

D. A. Carson은 복음주의의 주류가 이런 동류적 이론(concursive theory)을 채택했다고 하면서, 이 이론을 다음과 같이 요약했다. "하나님께서 그의 주권 속에서 우리가 성경이라고 부르는 자유롭게 작성된 인간의 저작들을 감독하사 그 결과로 성경은 바로 하나님의 말씀이며 전적으로 참되다… 이처럼 성경이 동류적 작용을 통한 무오한 하나님의 말씀이라 할 때, B. Warfield는 어디까지나 성경의 원본(autographs)을 두고 말한 것이다."[3]

---

1) Benjamin B. Warfield, *The Inspiration and Authority of the Bible* (Philadelphia/Phillipsburgh: Presbyterian and Reformed, 1948), p.153.
2) Ibid., pp.155-173.
3) D. A. Carson & John Woodbridge, *Hermeneutics, Authority and*

그러나 우리는 지금 성경의 원본을 갖고 있지 않다. 사본학에 관한 책은 그 첫 장만 넘겨도, 제일 처음 접하는 문장의 내용이 '현존하는 원본은 하나도 없으며, 현존하는 사본들은 서로 다르다'고 말한다. 더 나아가서 신약성경의 경우 헬라어 사본들이 시리아어, 라틴어, 콥트어, 고오트어, 알메니아어, 그루지아어, 에디오피아어, 고대 슬라브어와 다른 고대어들로 번역되었으며,[4] 1882년에 한글성경 낱권으로도 번역되어 나오기 시작하면서 1911년에 신약성서 완역본을 출판했고(대한성서공회), 관주성서, 외국어역본 대조성서, 개정역본들을 거쳐서 새롭게 번역된 역본들과 점자 성서, 멀티미디어 성서까지 우리가 지금 소유하고 있음을 단번에 알 수 있다.[5]

B. Warfield가 주장하는 "정확무오한 성경의 원본 원문"의 사본이 상이점을 나타내는 것이나, 다른 언어로 해석된 본문이 헬라어 사본의 본문의 뜻과 상이점을 드러낸다는 것은 그 해석상의 과정을 거치면서 발생한 것일 터인데, 그대로 방치해두는 것은 "Sola Scriptura, 오직 성경으로"와 "개혁주의는 계속해서 개혁해야 된다"는 개혁주의 구호에 걸맞지 않는다.

이에 필자는 롬 16:7 본문을 박윤선의 "성경해석 방법론"이 제시한 개혁주의적 성경해석법을 중심으로 고찰하고자 한다. 즉, "개혁주의는 성경을 하나님의 말씀으로 믿고(성경의 자증과 성령의 내증으로), 가경을 성경으로 보지 않으며, 성경의 필연성·완전성·충족성·명백성을 믿고, 성경을 자의적으로 억지 해석하는 것을 금하며, 원어에 의해 문법적으로 해석하고, 역사적으로 해석하며, 정당한 추론을 인정하고, 교

Canon, pp.45-46.
4) Bruce M. Metzger, 「사본학」, 강유중. 장국원 역 (서울: 기독교문서선교회, 1999), pp.86-106.
5) 대한성서공회, 성서가 우리에게 오기까지, p.43-53.(서울: 대한성서공회) 1997

회의 전통에 예속되지 않으면서도 역사적 교리를 중시하고, 의미가 불분명한 구절은 분명한 구절에 의해 해석하되, 성경해석의 최종 심판은 성경 자체로 본다"[6]에 근거하여 롬 16:7 본문을 다음의 과정을 거쳐서 문법적, 사본학적 및 역사적으로 해석하고, 필자 나름대로의 추론을 펼쳐보려고 한다.

1.2. 본문 해석에 대한 논의

롬 16:7 본문을 헬라어, 영어, 한글 성경으로 구분하여 보면 각각 다음의 차이점들이 발견된다.

헬라어 성경의 경우 7a의 유니아의 이름에 붙는 악센트에 따라서 NA[27]과 UBS[4]는 Ἰουνιᾶν(남성)으로, NAGENT[8]은 Ἰουνίαν(여성)으로 표기되어 상반됨을 보이고(그러나 영역 부분에서는 Junias - 남성으로 되어 있으며 이는 모순임) 7b와 7c는 세 역본들 모두 다 동일하다.

7b에 나오는 "τοῖς ἀποστόλοις(그 사도들)"이라는 간단명료한 묘사와 그 다음에 따라나오는 절은 함께 안드로니고와 유니아가 고전 15:7에 나오는, 부활하신 그리스도에 의해서 임명된 사도들의 대집단에 속했음을 강력하게 시사한다(고전 15:7 → τοῖς ἀποστόλοις πᾶσιν). 이 단어는 고후 8:23의 ἀπόστολοι나 빌 2:25의 ἀπόστολον과 같지 않다.[7]

영어 성경의 경우 7a의 유니아의 이름에 대해서 NIV, RSV[2], NASB

---

6) 박윤선, "성경해석 방법론", 「신학지남」 33/2 (1966). pp.15-20.
7) James D. G. Dunn, *Word Biblical Commentary*, Vol. 38B, pp.894-95.

가 Junias(남성)으로, KJV와 WBC 사역이 Junia(여성)으로 해석 표기되어 있고, 7b의 "ἐπίσημοι ἐν τοῖς ἀποστόλοις"에 대해서는 NIV, NASB, WBC가 "They(who) are outstanding among the apostles"로, RSV[2]는 "They are men of note among the apostles"로, KJV는 "who are of note among the apostles"로 번역 표기되어 상이점을 보이고, 7c는 그 해석에 있어서 동일함을 보인다.

한글 성경의 경우 7a에서는 문자적으로 유니아의 성별 구분이 없이 동일하고, 7b의 "ἐπίσημοι ἐν τοῖς ἀποστόλοις"에 대해서는 각각 아래와 같이 번역 표기되어 있다.

"저희는 사도에게 유명히 여김을 받고"(개역한글판, 대한성서공회, 1956/1984)
"그들은 사도들에게 좋은 평을 받고 있고"(표준새번역, 대한성서공회, 1993)
"그들은 사도들에게 존중히 여겨지고"(개역개정판, 대한성서공회, 1998)
"저희는 사도에게 유명히 여김을 받고"(한영해설성경, 아가페, 1997)
　(주: 사도들 중에서 유명한 사람이라는 뜻이다.)
"그들은 사도들 가운데서도 뛰어난 사람들이며"(현대인의성경, 생명의말씀사, 1985)

7b는 한글 번역에서는 두 가지로 나뉜다. 즉, '저희는'과 '그들은', '사도에게', '사도들 가운데서도'와 '사도들에게'는 단수와 복수 개념이 때때로 명확히 구분되지 않고 사용된다는 언어 습관을 감안하면 그 뜻에는 차이가 없다고 할 수 있다. 또한 '유명히 여김을 받고'와 '좋은 평을 받고 있고'와 '존중히 여겨지고'의 의미들은 유사하므로 차이가 없다고 할 수 있다.

그런데 한글 현대인의성경의 해석, "사도들 가운데서도 뛰어난 사람들이며"는 다른 네 해석들과는 전혀 그 뜻이 다르다. 개역한글판, 표준

새번역, 개역개정판의 '저희 혹은 그들'을 유명히 여기는 주체는 사도들이며, '저희 혹은 그들'은 그 주체인 사도들의 객체/상대를 뜻한다. 그러나 현대인의성경의 본문 "그들은 사도들 가운데서도 뛰어난 사람들이며"의 의미는 "그들은 다른 누군가의 평에 상관없이 사도들이며, 여러 사도들 중에서도 뛰어난 사도들이다"라는 뜻이 되므로, 사도들의 평에 의존한다는 의미인 개역한글판, 표준새번역, 개역개정판의 해석과는 판이하게 다르다.

흥미로운 것은 한영해설성경은 "저희는 사도에게 유명히 여김을 받고"를 주해란에서 "사도들 중에서 유명한 사람이라는 뜻이다"로 설명하고 있다는 사실이다. 이것은 아마도 한글본문을 영어본문과 대조함으로써 그때 발생하고 있는 차이점을 지적하고, 많은 논의와 거듭된 연구의 결과를 수용하는 것이 (아마도) 바른 해석법임을 인정하는 과도기적인 독특한 과정의 일례라고 할 수 있다.

7c에서는, '또한'이 있는 해석과 '또한'이 없는 해석, 그리고 '나보다 먼저 그리스도 안에 있는 자', '…그리스도인이 된 사람들', '…그리스도를 믿은 사람들'로 표현되는데, '그리스도 안에 있는 자 = 그리스도인이 된 사람 = 그리스도를 믿은 사람'으로 그 뜻은 동일하다고 할 수 있다. 물론 우리말 습관상 때때로 복수와 단수 개념, 그리고 현재완료와 현재의 개념이 명확히 구분되어 있지는 않지만, 그러나 '두 사람들'에 대한 설명이므로 해석에서 '있는 자라'는 표현은 '있었던 자들이라' 혹은 '있었던 자들입니다'가 더 명확하리라 생각한다.

종합해 보면, 헬라어 원문사본에서는 7a의 유니아의 성별 규명이 문제이고, 영어 성경에서는 7a의 유니아의 성별 규명과 7b의 전체 해석이 문제이고, 한글 성경에서는 7a의 유니아의 성별 구분 표시가 없다는 점과 7b의 전체 해석에서 문제점들이 발견된다. 따라서 이 문제점들을 유니아의 성 구분과 ἐπίσημοι ἐν τοῖς ἀποστόλοις의 해석을 중심으로 문법적, 사본학적, 역사적으로 고찰할 것이다.

1.3. 연구 방법

제1장 서론에서는 헬라어 성경, 영역 성경, 한글역 성경 등 세 영역 속에서 같은 언어로 된 번역들을 비교하여 일치점과 상이점들을 각각 비교 분석하여서, 세 영역 속에서의 본문해석의 상이점을 문제제기 내용으로 채택하였다.

제2장 성에 대한 토론에서는 문법적 고찰, 역사적 증거, 라틴명과 헬라명의 어형론적 상관성에 대한 고찰로써 롬 16:7 본문 속의 유니아의 성별을 구분할 것이다.

제3장 P⁴⁶에 대한 사본학적 고찰에서는 대문자 사본들, 소문자 사본들, 교부들의 성구집들을 중심하여 '유니아'의 이문(異文)인 '율리아'를 규명함으로써 유니아의 여성성을 증명할 것이다. Novum Testamentum Graece Nestle Aland 27판, Greek New Testament UBS 4판과 Nestle Aland Greek English New Testament 8판의 사본비평장치와 부호란에 나와 있는 사본들의 필사된 연대들을 추적하고, 사본 종류와 그 연대에 따른 성별 구분 시점을 추론할 것이다.

제4장 ἐπίσημοι ἐν τοῖς ἀποστόλοις에 대한 논의에서는 단어들의 사

전적인 의미를 분석하고 사도의 역할을 살핀 후에 본문 7b를 그 단어들의 뜻을 정확하게 살려서 바르게 해석하는 초석을 놓을 것이다.

제5장 결론에서는 4장까지의 내용을 간단히 요약한 후에 논문의 결론에 의해서 우리 총회 헌법에 나오는 신조 1 "신구약성경은 하나님의 말씀이니 신앙과 본분에 대하여 정확무오한 유일한 법칙이다"에 따라서 헬라어 사본 본문의 Accent 교정에 부합하는 롬 16:7의 해석을 바로 하여 줄 것을 제언할 것이다.

제2장 성에 대한 토론

몇몇 주석가들은 남성 Ἰουνιᾶς가 본문에 더 적격이라고 주장한다. 그 중에서 Susan T. Foh의 견해를 예로 들어서 한번 살펴보자.

"롬 16:7의 유니아가 사도인지, 또한 남성인지, 여성인지에 대해 상당한 논쟁이 여전히 있다. 유니아는 여성을 위한 보통의 로마명/라틴명이다. 그러나 롬 16:7에 나오는 모든 명사들, 대명사들이 남성이며, 또한 몇몇 학자들은 유니아가 축약된 남성명이라고 주장한다. 만약 유니아와 안드로니고가 사도들이라면, 어떤 경우에도 안드로니고와 유니아가 공적인 의미의 사도들이었다는 것은 있음직하지 않다. … 그들이 만약 사도들이라면, 그들에 대한 한 번의 우연한 인사보다 더 많은 언급이 신약성경 안에 있어야만 한다고 본다. Hurley는 그들이 특별 임무를(고후 8:23, 빌 2:25) 위해 교회에 의해 아마도 '보냄을 받았기' 때문에 비전문적 의미로서의 사도들일 수 있다고 제안한다. 해석학적으로 볼 때, 신학적 논의에 의해 지원받고 있는 상대적으로 분명한 명령(딤전 2:12-14)에 위배되는 여성 사도의 예로서, 롬 16:7과 같은 짧고 불분명한 본문을 증거로 삼아 해석하며 내세우는 것은 부적절하다."8)

---

8) Susan T. Foh, "A Male Leadership View", in *Women in Ministry*, ed. by Bonnidell Clouse & Robert G. Clouse, Intervarsity Press, Downers Grove, Illinois, 1989. p.79 & 103.

Foh의 견해는, 남성 ’Ιουνιᾶς를 수용하는 대부분의 학자들(Grudem, Piper, Schreiner, Hurley etc.)의 견해를 간단히 집약해 놓은 것 같아서 발췌해 보았다. 이 발췌문을 토대로 하여 ’Ιουνιᾶς와 ’Ιουνία를 주장하는 학자들의 견해들을 문법적, 고증학적, 역사적, 신학적으로 분석해보고자 한다.

2.1. 문법적 고찰

2.1.1 남성 ’Ιουνιᾶς라는 견해

헬라어 명사에는 성(gender), 수(number), 격(case)이 있고, 성에는 세 가지 즉 남성, 여성, 중성이 있다.[9] 형용사와 관사는 그것들이 수식하는 명사와 성, 수, 격에서 일치해야 한다.[10] 또한 대명사, 관계대명사의 선행사는 성과 수에 있어서 일치해야 하지만, 격은 자유로이 필요에 따라서 다른 것을 쓸 수 있다.[11]

이 문법에 따르면 정관사와 명사 τοὺς συγγενεῖς μου καὶ συναιχμαλώτους, τοῖς ἀποστόλοις와 형용사 ἐπίσημοι, 관계대명사 οἵτινές, οἳ는 모두 남성 복수로서 안드로니고와 유니아를 설명하는 남성 복수 단어들이기 때문에 Foh를 포함한 학자들이 유니아는 남성이며, 따라서 남성명 ’Ιουνιᾶς가 본문에 더 적격이라고 주장한다.

---

9) 이순한, 「신약성서 헬라어」, 서울:한국기독교교육연구원, 1971, p.20.
10) Ibid., p.29.
11) Ibid., pp.39-40, 126.

2.1.2. "혼합된 성 집합"

Foh의 견해는 앞에서 언급한 문법에 따르면 첫눈에 옳은 것처럼 보인다. 그러나 좀더 깊은 심층적인 문법의 지시에 따르면 상황은 또 달라진다. 본문의 경우 모든 명사, 정관사, 형용사, 관계대명사가 남성 복수 형태 단어이므로, 별다른 생각 없이 그 단어들로 설명되는 두 사람이 남성이라고 판단할 수도 있지만, 문제는 학자들 간에 논의되고 있는 두 사람의 성별 구별을 염두에 둔다면, 두 사람의 성 구성은 '남과 남'일 수도, 또한 '남과 여'일 수도 있다는 점을 절대로 간과해서는 안된다. Ἰουνιᾶς를 남자로 빨리 만들기 위한 성급함이, '남과 여'의 구성에 대해서 한 번 더 의문을 제기하는 과정으로 진전하는 것을 막는 것처럼 보인다.

'남과 여'의 혼합된 성 집합 구성일 때의 경우에 대해서 Richard S. Cervin은 "몇몇 주석가들은 관계대명사 οἵτινές는 물론, 명사와 형용사가 남성이기 때문에 본문의 유니아는 남성 Iunias라고 주장한다. 이런 계통의 궤변이나 오류는 헬라어 문법에서 문법적 성의 성질과 용도를 오해한 데서 비롯된다. 여기에 나오는 명사들이나 대명사(관계대명사)들은 형태에 있어서 남성이다. 왜냐하면 그것들은 그래야만 하기 때문이다. 다른 가능한 형태가 없다. 여기 이 절에 있어서 '모든 명사들, συγγενής, συναιχμάλωτος와 형용사 ἐπίσημοι'는 Two-Term Adjectives (두 조건 용어 형용사)이다. 즉, 그것들은 남성과 여성이 혼합되었을 때를 위한 유일한 한 형태이다. 따라서 남성 형태가 정관사와 관계대명사에 의해서 명백하게 드러남에도 불구하고, 그 남성 형태는 여기 이 경우(혼합된 경우)에도 사용되어야만 한다. 그 이유는 복수 형태로서 그것은 '총칭적인 성, generic gender'이기 때문이다(비슷한 원칙이 히브리어와 라틴어와 다른 언어에도 적용된다). 혼합된 성 집합이 관련될 때마다 남성 형태가 사용되어야만 한다; 즉 τοὺς συγγενεῖς μου는 '나의 친척들'로서 '남성 친척들 혹은 남성과 여성 혼합 친척들'을 의미한다. 만약 바울이 'τὰς συγγενεῖς μου'라고 썼다면, 그는 명백하게 '나의 여성 친척들'을 언급하는 것일 것이다. 이 절에서 남성 복수 형태가 바울에 의해서 사용되었다는 사실은 이런 상황에서 그가 선택할 다른 성의 명칭이 없었기 때문에, 본문에서 아무것도 증명하지 않는다."12)라고 설명하고 있다.

Cervin의 설명은 우리에게 통찰력과 함께 문제 해결의 실마리를 제공해주고 있다. 분명히 이러한 문법적 설명이 가능함에도 불구하고, 남성 'Ἰουνᾶς를 주장하는 학자들은 이러한 내용을 알고 있으면서도 언급하는 것을 애써 억제하는 듯한 느낌을 준다. 왜냐하면, 우리에게 매우 익숙한 브리스가와 아굴라 부부의 혼합된 성의 사례가 바로 앞절에서 Cervin이 설명하고 있는 또 하나의 다른 자료로서 확실하게 자리잡고 있기 때문이다. 롬 16:3-4에서 "정관사와 명사 τοὺς συνεργούς μου εν 나의 동역자들, 관계대명사 οἵτινές, οἱ"가 다 남성 형태이지만, 그것들은 혼합된 성을 설명하는 두 조건 용어 형용사들(Two-Term Adjectives)과 총칭적인 성(generic gender)의 역할을 하고 있음을 우리는 쉽게 발견할 수 있다.

따라서 롬 16:3-4과 롬 16:7은 Foh와 같은 견해를 가지고 있는 학자들에게는 그들의 문법적인 주장이 억지임과 동시에 일부 옳은 부분도 분명히 있지만 전적으로는 옳지 않으며, Cervin의 분석방법이 사려 깊은 학자적인 접근법이라는 것을 뒷받침하는 근거로서 작용하고 있다고

---

12) Richard S. Cervin, "A Note Regarding the Name 'Junia(s)' in Romans 16:7", in *New Testament Study*, Vol. 40, 1994, pp.467-470.

볼 수 있다. 성경말씀이 또 다른 성경말씀의 문법적인 면을 증거하는 사례로서 분명하다고 할 수 있다.

2.2. 역사적 증거

Foh는 자신의 견해를 피력하면서, "… 또한 몇몇 학자들은 유니아가 축약된 남성명이라고 주장한다…"며 다른 학자들에게 의존하고 있다. 우리는 바로 앞에서 단어들의 외형들이 모두가 남성 복수 형태를 가지고 있다는 피상적인 관찰에 의존한 나머지, 혼합된 성 집합에도 남성 복수 형태가 쓰인다는 좀더 심층적인 문법적 연구과정을 거치지 않은 채, 선행사 유니아는 남성이라고 단정하는 학자들을 보았다. 그런데 이러한 학자들의 주장은 대체로 네 가지로 분류할 수 있다.

첫 번째 그룹은 R. C. H. Lenski처럼 단호하게 유니아는 Junias (Iυνιασ의 영역)로서 남자이지 여자는 아니며, Chrysostom이 인정하는 여성 사도는 정말이지 눈에 설다고 말하지만 그 증거는 대지 않는다.[13]

두 번째 그룹은 Susan Foh나 Thomas Schreiner처럼 다른 학자들의 견해를 빌려오면서 축약된 남성명 Junias라고 인용한다. 이때 이를 뒷받침하는 근거 성경구절은 바울의 여성사역 금지에 관한 구절들이다. 그러나 이들도 유니아란 이름이 여성을 위한 보통의 로마명/라틴명임을 인정하면서, 여성 유니아로 해석되어야 한다고 말한다. 이때 그들은

---

13) R. C. H. Lenski, *The Interpretation of St. Paul's Epistle to the Romans* (Minneapolis, Augsburg Publishing House), pp.905-907.

본문 속의 사도들에 대한 개념을 희석시키려고 노력한다.[14]

세 번째 그룹은 James Hurley처럼 유니아가 여성인지 남성인지 불분명한 점에 주목할 필요가 있는데, 문법적 형태로는 양쪽 모두 확실성을 얻을 수 없기 때문이라고 말한다. 이 그룹도 사도 개념에 대한 희석된 견해를 갖고 있다.[15]

네 번째 그룹은 John Piper와 Wayne Grudem처럼, 유니아가 여성인가라는 질문에 "우리는 알 수 없다"고 답변하는데, 그 이유는 그 증거가 결정적이지 못하기 때문이라고 말한다. 이들은 다른 그룹들에 비해서 나름대로 증거를 얻기 위해 노력했고, 그들 자신의 연구 결과를 분석하면서 "이름의 형태가 의미하는 것에 대해서 독단적이 될 방법은 없다. 그 이름은 여성일 수도, 남성일 수도 있다. 고대 헬라어 모든 문학 안에서 세 가지 예들(Plutarch, Chrysostom, Epiphanius) 만이 알려져 있기 때문에 헬라어를 사용하는 세계에서 Junia(Iunia의 영역)가 보통의 여성명이었다는 것을 아무도 주장해서는 안된다"고 결론을 내리고 있다.[16]

이 외에도 Sanday & Headlam은 이 이름이 남성 Iunianus의 축약형으로서 'Iουνιᾶς인지 혹은 'Iουνίας인지, 여성명 'Iουνία인지 의심이 있으며, 남성명으로 Iunias가 통용되지 않지만, 그러나 Patrobas, Hermas, Olympas처럼 이런 명단에 흔히 있는 단축형을 드러내는 것처럼 보인다

14) Thomas Schreiner, The Valuable Ministries of Women in the Context of Male Leadership, in *Recovering Biblical Manhood & Womanhood*, edt. J. Piper & W. Grudem (Wheaton: Crossway Books, 1991), pp.214, 221.
15) James Hurley, *Man & Woman in Biblical Perspective*, 김진수 역(서울: 여수룬, 1989), pp.184-186.
16) John Piper and Wayne Grudem, An Overview of Central Concerns *in Recovering Biblical Manhood & Womanhood* (Wheaton, Crossway Books, 1991), pp.79-81.

고 견해를 피력한다. 그러나 곧, 유니아는 흔한 로마 여성명이므로 본
문의 경우 두 사람은 아마도 부부일 것이라고 말을 바꾼다.[17] 또한
Don Williams와 Mary J. Evans는 원어 철자상, 흔한 편이 아닌 남자이
름의 축소형일 수도 있으며, 또한 원어 철자상, 여성 유니아의 가능성
은 매우 크며, 상당히 흔한 여자 이름이라고 말한다.[18]

2.2.1. 유니아는 여성인가[19]

이제 우리는 이들 중에서 증거를 얻기 위해 노력한 네 번째 그룹의
연구 과정을 발췌하여 생각해 보자. 그들의 연구는 "롬 16:7에서 유니
아는 여성이 아닙니까? 그리고 그녀는 사도가 아니었습니까? 또 바울
은 초대교회 시대에 여성이 남성보다 아주 권위 있는 위치를 갖고 있
었다는 것을 알게 하려는 것을 뜻하고 있지 않습니까?" 라는 질문들 중
에서 첫 번째인 유니아의 여성성에 대한 답변을 위해서 수행되었다.

2.2.1.1. "우리는 알 수가 없다. 그 증거가 결정적이지 못하다."

그들은 Homer(BC 9세기)로부터 AD 5세기까지의 모든 헬라어 작품
들을 Thesaurus Linguae Graecae(Pilot CDROM #C, UC at Irvine,
1987)를 통해서 컴퓨터 상으로 가능한 검색을 다 해보았다고 말한다.
그 컴퓨터 프로그램은 2,889 저자들과 8,203개의 작품들을 수록하고

17) William Sanday and Authur Headlam, *The International Critical
Commentary, Epistle to the Romans* (Edinburgh, T & T Clark, 1980),
pp.422-24.
18) Mary J. Evans, 「성경적 여성관」, 정옥배 역 (서울: I.V.P., 1992), pp.179-180;
Don Williams, 「바울의 여성관」, 김이봉 역 (서울: 기독교문사, 1982), pp.53-54.
19) John Piper and Wayne Grudem, Ibid., pp.77,79-81,214,221-224.

있기 때문에 그들은 'Ιουνια-의 형태를 가진 모든 것을 컴퓨터에게 물어보았다. 그렇게 함으로써 모든 가능한 경우들을 찾기 위해서였는데, 그들의 컴퓨터 검색 결과는 다음과 같다.

롬 16:7에 나온 한 가지 경우를 제외하고, 다음과 같은 세 가지 다른 경우가 있었다.

- Plutarch(약 AD 50- 약 AD 120)가 그의 작품 《Life of Marcus Brutus》에 브루투스와 카시우스 사이의 긴장 관계에 대해서 썼다. "… 그들은 그들의 가족들로 연결되어 있음에도 불구하고", 즉 카시우스는 브루투스의 누이인 유니아와 결혼을 한 관계이다(Iounia gar adelphe Broutou sunoikei Kassios).

- Epiphanius(AD 315-403), 사이프러스의 살라미스의 주교인 그는 《Index of Disciples》라는 작품을 썼는데, 그 작품 속에 이런 문장이 있다. "Iounias, of whom Paul makes mention, became bishop of Apameia of Syria"(Index disciplulorum, 125.1920). 헬라어에서 "of whom" 구는 남성 관계대명사(ηου)이며, 따라서 Epiphanius는 Iounias를 남자로 생각했음을 보여준다.

- John Chrysostom(AD 347-407)은 롬 16:7에 대한 설교에서 Junias에 대해서 다음과 같이 말했다; "Oh, how great is the devotion of this woman, that she should be even counted worthy of the appellation of αποστλε""

그들이 이 세 경우로부터 알 수 있는 것은 유니아는 신약성경 형성 시대(Plutarch)에는 여성명으로 사용되었다는 것이다. 교부들은 유니아 를 신약성경 형성시대처럼 사용했는지에 대해서 분명하게 양분되는데,

즉, Epiphanius는 남성으로, Chrysostom은 여성으로 생각했다고 말하면서 Epiphanius가 유니아에 대한 더 특별한 정보를 알고 있는 것으로 나타내기 때문에 무언가 비중을 Epiphanius에게 더 주어야 한다고 말한다. 즉 유니아가 Apameia의 주교가 되었다는 정보이다. 반면에 Chrysostom은 롬 16:7로부터 추론할 수 있는 것 이상의 정보를 주지 않는다고 그들은 말한다.

2.2.1.2. 헬라 교부 Origen의 라틴어 인용

그러나 Piper와 Grudem은 이 경우들보다 더 중요한 것은 Origen(AD 253/254년에 서거)의 라틴어 인용이라고 말한다. 로마서에 대한 가장 최초의 광범위한 주석에서 그는 말하기를 "바울은 안드로니고와 유니아와 헤로디아 모두를 친척과 동료 감옥수로 보고 있다"고 설명하는데[20] Junias는 여기서 라틴어 남성단수주격이고 만약 이 오래된 번역이 믿을 만하다면, 고대 세계에서 가장 능숙한 학자들 중의 한 사람인 Origen은 Junias를 남자로 생각했다는 것을 암시하며 Epiphanius의 인용과 더불어 이 인용구는 옛 증거의 무게로 이 견해를 뒷받침한다고 그들은 주장한다.

2.2.1.3. 신약성경에서 어미 -as로 끝나는 남성명

Piper와 Grudem은 신약성경 안에서조차 -as로 끝나는 남성명은 색다른 것이 아니라고 강변한다. "Andrew(Andreas 마 10:2), Elijah(Elias 마

---

20) "Andronicus, et Junias, et Herodion, quos omnes et cognatos suos, et concaptiuos appellat." Origen의 로마서 주석은 Rufinus(AD345-410)에 의해서 라틴역으로 보존되었다고 J. P. Migne의 Patrologia Graeca, Vol.14. Col.1289에 써 있다. - 본문에 삽입되어 있는 내용을 편집자가 각주로 빼냄.

11:14), Isaiah(Esaias 요 1:23), Zechariah(Zacharias 눅 1:5) 등인데, A. T. Robertson은 -as로 끝나는 많은 이름들은 분명히 남성명의 축약형이라고 그의 책에서 보여준다.[21] 신약에서 가장 분명한 예는 Silas(행 15:22)인데, 이것은 Silvanus = Σιλουανός(살전 1:1, 벧전 5:12)의 축약형이다. 그러므로 이름의 형태가 의미하는 것에 대해서 독단적이 될 방법은 없다. 그이름은 여성일 수도 있고, 남성일 수도 있다. 고대 헬라어 모든 문학 안에서 이 세 가지 예들만이 알려져 있기 때문에, 헬라어를 사용하는 세계에서 유니아가 보통의 여성명이었다는 것을 아무도 확실히 주장해서는 안된다. 더 나아가서 브리스가와 아굴라같이(롬 16:3), 안드로니고와 유니아가 한 쌍으로 이름이 주어졌다는 사실은 그들이 부부일 것이라는 것을 요구하지 않는다. 왜냐하면 롬 16:12에서 두 여성들도 한 쌍으로 문안인사를 받기 때문이다. 드루배나와 드루보사가 두 여성으로 설명되기 때문에, 안드로니고와 유니아는 두 남성으로 설명될 수 있다"고 그들은 주장한다.

필자는 물론 동의하는 부분이 있다. 그러나 Grudem과 Piper는 남/여 어느 한쪽을 정해서 독단하면 안된다고 말하면서, 확실한 증거 제시 없이 스스로 남성 쪽으로 독단하는 점은 옳지 않다. 안드로니고와 유니아를 두 남성으로 보는 것이 드루배나와 드루보사가 두 여성의 경우이기 때문이라면, 그들을 부부로도 볼 수 있는 것은 브리스가와 아굴라의 경우가 있기 때문이지 않은가? 그들은 스스로 논리 전개에 있어서 형평성 원칙 적용의 모순에 빠져 있다고 필자는 생각한다.

---

21) A. T. Robertson, *Grammar of the Greek New Testament* (New York: Hodder and Stoughton, 1914), pp.171-173.

2.2.1.4. 역사적 증거에 대한 반론

축약형 Ἰουνιᾶς에 대해 반론하기 전에, Iunianus라는 온전명은 고대 자료에서 증명이 되긴 한다는 Peter Stuhlmacher의 연구가 있었다는 점을 언급하고 넘어가고자 한다.[22] 그러나 Iunianus 형태로 증명이 된다는 점은 우리의 논의와는 별 상관이 없으므로 더 이상 논의를 전개하지는 않을 것이다.

Stuhlmacher는 축약형은 모든 고대문학 전집에서는 아무데서도 발견되지 않으므로 롬 16:7의 Junias에 대해 말하는 것은 추측, 억측일 뿐이라고 단정한다. 따라서 본문 속에서 가설적으로만 논증할 수 있는 남자의 이름으로 여자의 이름을 대체하려는 것은 타당하지 않다고 말한다.[23] 이 견해가 축약형 남성형에 대해 반론을 제기하는 대부분 학자들의 공통 견해라고 할 수 있다.

그러나 필자는 Stuhlmacher의 논의 전개 과정에서 Junias에 대한 언급은 억측이라고 단정하는 것이 타당한가에 대해서 의문을 품는다. 왜냐하면 Grudem과 Piper에 의하여 1991년에 쓰여진 그들의 연구저서에 의하면, 적어도 고대문헌 한 곳에서와 Origen의 로마서 주석에서 Junias를 발견했다고 말하고 있기 때문이다.

필자가 사전류, 주석류, 서적류 및 논문들을 통해서 알아본 결과, 축약형 Ἰουνιᾶς에 대해 반론하는 학자들도 대체적으로 다음과 같은 네 그룹으로 분류될 수 있다.

첫 번째 그룹은 정훈택, Craig S. Keener, Linda L. Belleville처럼

---

22) Peter Stuhlmacher, *Paul's Letter to the Romans* (Westminster: John Knox Press, 1994), p.248.
23) Ibid., p.248.

’Iουνίαν은 남성 ’Iουνιᾶς의 직접 목적격이 아니며, 본문을 평범하게 읽는 것을 반대하여 ’Iουνιᾶς로 취급하는 역사적인 잘못을 저지르는 단한 가지 이유는 바울이 사도로서의 여성을 묘사할 수 없기 때문이라는 가설 때문이라고 주장하는 학자들이다.24)

두 번째 그룹은 Peter Stuhlmacher, Leon Morris, John R. W. Stott처럼 축약형은 모든 고대문학 전집에서는 아무데서도 발견되지 않으므로 ’Iουνιᾶς에 대해 말하는 것은 추측, 억측일 뿐이며, 가설적으로만 논증할 수 있는 남자이름 혹은 여자이름을 대체하려는 것은 타당하지 않다고 보는 학자들이다.25)

세 번째 그룹은 Peter Lampe, Ray R. Schulz, Richard S. Cervin과같이 문법적, 고증학적, 역사적 증거를 제시하면서, 단축형은 존재하지 않았던 이름이라고 역설하는 학자들이다. 많은 학자들이 본문 해석에서 긍정적으로 의존하는 증거들을 제시하고 있다.26)

네 번째 그룹은 박윤선, 이한수, Charles Hodge, Alvera Mickelsen 등의 학자들로서 축약형이 어디에서도 발견되지 않는다는 데에 동의하

24) 정훈택, "바울의 여성관", 「기독교교육연구」제2권 제1집 (서울: 총신대부설 기독교교육연구소, 1991), pp.57-58; Craig S. Keener, *Paul, Women & Wives*. Hendrickson Publishers, Peabody, Massachussetts, 1992. 이은순 역, 「바울과 여성」(서울: 기독교문서선교회, 1997), pp.316-38, *Women in Ministry, The Egalitarian View* (Zondervan, 2001), pp.34-70; Linda L. Belleville, *Women Leaders and the Church* (Grand Rapids: Baker Books, 2000), pp.55, 188,
25) Peter Stuhlmacher, Ibid., pp.248-249; Leon Morris, *The Epistle to the Romans* (Leicester, Apollos, 1988), pp.533-34; John Stott, *The Message of Romans* (Leicester, Inter Varsity Press, 1994), pp.395-97.
26) Peter Lampe, "The Roman Christians of Romans 16", *The Romans Debate*, ed.by Karl P. Donfried (Hendrickson, 1991), pp.222-24; Ray R. Schulz, "Romans 16:7: Junia or Junias?" *The Expository Times*, vol. 98, ed. by James Hastings (Edinburgh, T & T Clark), pp.108-110, 1986-87; Richard S. Cervin, A Note Regarding the Name "Junia(s)" in Romans 16:7, *New Testament Study*, Vol. 40, pp.464-470, 1994.

고 있다.[27] ABD, EDNT, GELNT 등의 사전들이 이를 뒷받침한다.

2.2.2. 유니아는 남성인가?

이 반론의 전개를 위해서 주로 세 번째 그룹에 속하는 Lampe, Schulz 및 Cervin의 연구들을 따라가 보는 것이 좋을 것이라 생각된다. P. Lampe에 의하면, 현대 문법은 "Iunias는 Iunianus의 축약형"이었다는 것을 여론화함으로써 남성으로 읽기를 지원하지만, 이 이론을 위한 증거를 제시하지 못하고 있다. 최근에는 이 이름의 성별에 대한 증거는 "뚜렷하지 않고 모호하다"고 주장되고 있다고 Cervin은 Piper와 Grudem을 인용하면서 언급하고 있다. 그리고 Schulz는 오늘날 대부분의 영어권 번역이 Junia보다 Junias로 출판되고 있으며, 그 번역은 전적으로 헬라어 악센트에 의존하는 것에 착안하여 그는 악센트의 위치 변화에 대한 역사를 조사하여 Junias/Junia의 번역을 결정하기 위해 노력하였다.

이에 필자는 먼저 앞에서 축약형 Iunias에 대한 학자들의 역사적 주장에 대한 반론들을 먼저 간단히 적용해보도록 하겠다.

2.2.2.1. "유니아의 여성성을 우리는 알 수 없다"에 대한 반론

우리는 전 항(2.2.1.1.)에서 "롬 16:7에서 유니아는 여성이 아닙니

---

27) 박윤선, 「성경주석 로마서」(서울: 영음사, 1999), pp.404-5; 이한수, 「바울서신의 메시지」(서울: 총신대학출판부, 1998), p.327; Charles Hodge, *Romans* (Edinburgh, The Banner of Truth Trust, 1997), pp.448-49; Alvera Mickelsen, *Women in Ministry - Four Views - An Egalitarian Response* (Downers Grove, Inter-Varsity Press, 1989), pp.117-123, 190.

까?"란 질문에 대한 답변을 위해 John Piper와 Wayne Grudem이 Thesaurus Linguae Graecae를 통해서 BC 9세기의 Homer로부터 AD 5세기까지의 모든 헬라어 작품을 검색한 결과, 롬 16:7 본문의 유니아를 제외한 나머지 세 가지 경우를 읽었다.

그들은 Plutarch 시대(AD 50-120), 즉 신약성경 형성시대에는 유니아가 여성명으로 사용되었음을 첫째로 밝혔고, 두 교부들의 시대, 즉 4세기 초부터 5세기 초까지 교부들의 견해가 Chrysostom은 여성 유니아로, Epiphanius는 남성 유니아스로 보는 두 가지로 나뉘었는데, 이 중에서 Epiphanius의 견해에 비중을 더 둠으로써 남성 유니아스를 지지하고 있음을 두 번째이자 결론으로 밝혔다.

필자는 세 가지 면에서 문제를 제기하고 싶다.

첫째는, 고증자료 세 가지 중에서 AD 50-120년, 즉 신약성경 형성시대에는 확실하게 유니아가 여성명으로 사용되었다는 첫 번째 고증자료(Plutarch)에 의하여, AD 57년경에 쓰여진 로마서가 그 당시의 호칭법을 그대로 반영한다고 생각하면, 롬 16:7의 유니아도 분명히 여성일 가능성이 높다는 점이다. 또한 세 번째 고증자료인 Chrysostom의 롬 16:7의 설교에서, '여성 사도 유니아'로 강해 설교한 것은 첫 번째 고증자료가 뒷받침하는 로마서의 한 인물을 가감 없이 그대로 해석하고 있는 한 예라고 볼 수 있다. 특히 우리는 여기서 Chrysostom은 알레고리적 해석을 지양하고 문자적, 문법적 해석에 치중했던 교부 주석가로서 로마서를 32회나 강해 설교했다는 그에 대한 교회사적인 기록을 기억할 필요가 있다. 그러한 Chrysostom이 '여성 사도 유니아'로 주석한 것은 상당한 신빙성이 있다고 추론하는 한편, 고증자료 세 가지 중에서 분명한 두 가지가 여성 유니아를 지지함에도 불구하고 여성 유니아를 외면해 버리는 이유에 대해서는 의문이 계속 남는다.

둘째는, 교부 Epiphanius의 제자록에서 바울이 언급하는 Junias를 그 교부가 남성으로 본다고 결론을 맺는다. 그 이유는 남성 관계대명사를 사용하고 있고, Junias가 시리아의 아파메이아의 주교가 되었다는 두 가지 점 때문이다. 필자는 Epiphanius가 바울의 제자록을 만드는 과정에서 분명히 신약성경의 파피루스나 양피지 사본들을 중심으로 하면서, Origen 같은 선임 교부들의 주석들을 사용했을 것으로 추측한다.

교부 Epiphanius가 만약에 Origen이 주석에서 인용한 Junias를 사용했다면, 교부 Epiphanius가 바울이 언급하는 제자들에 대한 기록을 만들 때, 신약성경 당시의 여성명 유니아의 사용에 대한 비교를 간과하고, 의심 없이 남성 관계대명사를 사용했을 것이라는 가능성도 추측해 본다. 더 나아가서, Chrysostom이 '여성 사도'라고 정확히 주해할 정도의 초대교회 분위기 속에서는 아마도 다른 여성 유니아(유니아는 흔한 이름이었음)가 시리아의 아파메이아의 주교가 되었을 가능성도 있지 않았을까를 추론해 본다. 물론 이것은 어디까지나 상상에 따른 추측이어서, 초대교회사에서의 직제를 한번 심도 있게 연구해 볼 필요가 있다고 생각한다.

세 번째는, 많은 학자들이 여성 유니아의 이름을 250개 이상 발견하였다는데도 Piper와 Grudem은 그 증거에 대해서는 일언반구도 없다는 점과 그들의 증거 검색작업에 그 자료들을 전혀 활용하지 않은 점에 의구심을 품게 한다.

우선 Cervin의 견해를 살펴보자. Cervin은 Piper와 Grudem이 "유니아의 성별에 대한 증거가 뚜렷하지 않다"고 주장하는 것에 대해서, "뚜렷하지 않다/결정적이지 못하다"는 것은 증거라기보다는 학자들의 견해

일 뿐이라며 일축해 버리는데, 그 이유는 그들의 그 증거라는 것 자체
가 정확하게 검증되면서 연구되지 않았기 때문이라고 말한다.

"유니아가 남성이라는 주장은 Iunias가 라틴명 Iunianus의 축
약형이라는 것을 암시해왔고, 여러 자료에서 발견할 수 있다. 이
주장에는 두 가지 문제점들이 있다.

첫째는, Iunias 형태로 줄여진 데 대한 실제적인 증거가 이때
까지 없다는 점이다. 이 이름은 현존하는 신약성경 주변의 헬라
어나 라틴어 문서 기록에는 전혀 없다. 만약 Iunias가 과연 보통
이름 Iunianus의 축약형이라면, 어째서 Iunias라는 이름이 결코
존재하지 않는가?

둘째는, Iunias라는 이름이 존재하지 않는다는 사실에 비추어
볼 때, 우리는 Iunianus라는 이름이 실제로 Iunias로 축약되었다
는 것이나, 한 번이라도 축약된 적이 있다는 것을 확신할 수가
없다.

이름이 정말 축약되었다는 것은 충분히 시사되어 왔고, -as로
끝나는 몇 이름도 -os나 -us로 끝나는 이름들로부터 축약되었다
는 주장도 역시 논증되어 왔다(예, Λουκᾶς ← Λούκιος).[28] 특히
Iunianus가 Iunias로 축약되었다는 점은 아직 논증되지 않은 부분
이다. 이 점은 모든 언어 안에서 많은 유추들이 분석될 수 있기
때문에 상당히 중요한 점이다.

이름마다 다 별명을 갖지 않고, 또 반대로 어떤 이름들은 여러
개의 별명들을 갖기도 한다. 몇몇 이름이 축약된다는 바로 그 이
유 때문에 어떤 다른 이름들도 축약된다는 것을 원칙처럼 따르지

---

28) Adolf Deissmann, *Light from the Ancient East* (Baker Book House, 1978), pp.435-8.

는 않는다. 그러므로 아주 중요성을 가진 별명의 '실제적인 존재'
로서 그것을 따져야 하는 것이며, '가상적인 존재'로서의 별명을
가지고 논의의 중요성을 따질 수는 없다.

　(헬라명이 아니고 라틴명인) Iunianus가 Iunias로 축약되었다는
주장은 이때까지는 사실 무근이었다. 왜냐하면 그 주장을 확인해
주는 증거가 현존하지 않기 때문이다. 물론 증거의 결핍이 Iunias
가 Iunianus의 축약형이 아니라는 것을 본질적으로 증명하지는
않는다. 그러나 그렇다 하더라도 학자는 자기의 학설을 뒷받침해
주는 실제적인 증거를 제시해야 하며, 그러한 증거가 출현될 때
까지는 그 학설은 확인되지 않은 채로 남게 되는 것이다."[29]

　필자가 Cervin의 증거 제시 원칙과 Grudem과 Piper의 결론을 상호
연관시켜 비교해 보면, Piper와 Grudem이 제시하는 교부 Epiphanius의
Iunias 증거를 Cervin은 증거로 받아들이지 않는다는 인상을 받는다.
표면적으로는 하나의 증거로서 문서 기록에 나타나 있으므로 그들의 견
해를 뒷받침할 수 있다고 생각될 수도 있는데, Cervin은 실제적인 증거
가 될 수 없다고 단정하는데, 그 이유는 그 학설을 뒷받침해 주는 실제
적인 증거 제시의 부재 때문이라고 말한다. 분명히 Cervin은 그들이 주
장하는 논리를 읽은 후에 반론을 폈을 텐데, 그가 그들의 주장
(Epiphanius)을 일축하는 이유는 무엇일까? 그래도 되는가?

　Cervin은 상당수의 Iunia 사례들을 그레코 로만 시대의 많은 헬라 저
자들의 작품들과 묘비에서 발견하여 증거로 제시하였다. 그는 Brutus의
여동생 Iunia, Iunia Calvina, Iunia Claudia, D.M.U. Iunia Sabina,
Iunia Victoria, Iunia Gemella, Iunia Cyrilla 등과 다른 다수의 Iunia와

29) R. Cervin, Ibid., pp.466-67.

Iunius라는 남자 이름도 발견했다고 그의 논문에서 주장하고 있다. 그는 이미 Lampe나 Brooten의 연구를 통해서 Iunia에 대한 증거 제시는 250개나 되는 것을 알고 있는 상황에서 Grudem과 Piper가 그 많은 Iunia 증거 제시는 전혀 고려에 넣지 않고, 가상적인 이름 Iunias를 2,889 저자들의 8,203개 작품 검색을 통해서 찾으려고 노력했다는 증거 제시 방법 과시를 진정한 학자적인 태도로 보지 않았을 것이다.

그러한 태도로 임한 연구 결과, 그들은 "헬라어를 구사하는 세계에서 Iunia가 보통 여자의 이름이 아니었다"[30]고 주장했는데, Cervin은 단호하게 "그것은 틀렸다. 왜냐하면 헬라어를 사용하는 세계는 로마를 포함하며, 또한 흔한 씨족명 Iunius가(家)에 태어난 모든 여성들은 통상적으로 Iunia로 불릴 수밖에 달리 방법이 없었던 그레코로만 사회의 여성 호칭법에 의존하기 때문이다"라고 반론을 전개한다.

2.2.2.2. Origen의 라틴어 인용 Iunias에 대한 반론

Peter Lampe는 B. Brooten과 Fabrega의 롬 16:7의 해석사에 의존하여 다음과 같이 진술하고 있다.

"로마교부 Aegidius(AD 1,245-1,316)가 남성형으로 변경시킨 것을 수면 위에 띄워 올린 첫째 교부였다. 이 본문 주석에 대한 모든 다른 사본 본문 증거들이 'Iυνᾶ를 주장함에도 불구하고, Migne가 Origen의 주석에 나와 있는 'Iυνιαῶ를 읽은 것에 잘못 의존함으로써, 남성명이 수면 위에 뜨게 된 것이다. 중세기의 저자들과 서기관들에게 'Iυνᾶ는 'lectio difficilior', 즉 까다로운 성

---

30) Piper & Grudem, Ibid., p.80.

구였고, 그들은 한 사람의 활동적인 선교사로서의 여성을 상상할 수가 없었다."31)

또한 Ray R. Schulz의 진술은 좀더 상세하여 논의 전개에 중요한 점을 시사하고 있다. 필요한 것이므로 Origen에 관한 것만을 적어본다.

"악센트가 9-10세기 경에 첨가되기 시작했기 때문에 교회 교부들의 증거는 대단히 중요하다. 9-10세기 전에 저술했던 교부 저자들은 악센트 없는 본문을 읽었고, 헬라어의 형태와 상황에 따라서 해석했다. 악센트 없는 헬라어를 읽고 말할 때, 그들은 그 읽기와 말하기에 상당히 친숙했기 때문에 그 친숙성은 즉 그 단어들에 대한 이해를 의미했다. 현대 학자들이 느끼는 것보다 훨씬 확실성을 갖고 있을 수 있다.

필자는 이 본문을 인용하고 그것을 주석하는 Migne 안에서 약 12세기까지의 모든 교부들은 대부분 Iunia로, 혹은 소수는 Iulia 로 묘사하고 있음을 발견했다. 그럼에도 불구하고 B. Brooten에 의하면, Origen의 본문들은 처음부터 끝까지 여성으로 일관한다.32) 초기 교부들의 해석을 후대의 많은 교부들은 단순히 반복하거나 약간씩 확대한다. 눅 10장에 기록된 대로 안드로니고와 유니아는 예수님에 의해 보냄을 받은 72인 중에 있었다는 Origen의 관점은 자주 반복되었다. 어떤 학자들은 그들을 남편과 아내로 부르는데, 이것은 최근의 출판물에도 보고된 바 있다.

교부 Chrysostom의 해석은 헬라 교부들에 의해 자주 반복된

---

31) P. Lampe, Ibid., p.223.
32) Bernadette Brooten, 'Junia.... Outstanding among the Apostles in "Women Priests": *A Catholic Commentary on the Vatican Declaration,* ed. Leonard and Arlene Swidler (Paulist Press 1977), 144 n4.

다. 그의 증거는 그가 특히 여성 사도인 유니아로 주의를 끈 것과 그녀를 높게 칭찬한 것으로서 매우 중요하다. Chrysostom은 안디옥에서 출생했고 교육받은 헬라어를 쓰는 사람이었다. 그는 알렉산드리아 학파의 알레고리적 접근에 반대하여 역사적인 탐구와 해석으로 유명했다. 그는 여성들에게 지나치리만큼 동정적이지 않았다. 언급된 모든 교부들은 본문에서 여성 유니아나 율리아(몇몇 교부들은 P[46]과 몇몇 번역본들에 따라서 율리아)로 이해해 오고 있다.

그들은 또한 '사도들 중에서 유명하게 보이는'을 '유명한 사도들'로 해석하며, '사도들의 평가에서 뛰어난'이 아님에도 역시 동의한다. Sanday와 Headlam은 이것이 모든 교부 주석가들에 의해서 취해진 의미라고 주장한다."[33]

2.2.2.3. 학자들의 견해 정리

네 학자들의 의견을 종합하여 요약해 보자.

Grudem과 Piper는 헬라 교부 Origen(AD 253/254년 서거)의 로마서 주석을 라틴 교부 Rufinus(AD 345-410)가 라틴어로 번역하여 보존했다는 사실을 J. P. Migne의 Patrologia Graeca에서 발견했는데, 그 라틴어 번역본에서 Iunias로 기록되었다는 것이며, 이 기록은 Epiphanius의 Iunias보다 더 중요한 것이라고 무게를 실으면서, "이 오래된 번역이 믿을 만하다면"이라는 조건절을 붙여가면서 남성 Iunias를 주장한다.

반면에 Schulz는 Origen을 비롯한 12세기까지의 모든 교부들은 롬

---

33) Ray R. Schulz, Ibid., p. 109; W. Sanday & A. C. Headlam, Ibid., p.423.

16:7의 유니아를 Iunia 혹은 Iulia(P[46] 근거)로 묘사하고 있음을 밝힌다. Migne의 Patrologia Graeca 안에 있는 Origen의 주석 내용들 중에서 한 곳에서만 Iunias로 묘사됨을 발견했으나, B. Brooten이 Origen의 그 본문들은 처음부터 끝까지 여성으로, 즉 Iunia로 일관한다는 지적에 따라서 Origen도 유니아를 여성으로 묘사함을 강력히 시사하고 있다.

또한 Lampe도 모든 다른 사본 본문 증거들이 여성 Iunia를 주장함에도 불구하고 Migne가 Origen의 주석에 나와 있는 Iunias에 잘못 의존함으로써, 13-14세기의 로마 교부 Aegidius에 의해서 이 남성형이 처음으로 수면 위에 떠올랐다고 진술한다.

중요한 것은 교부 Origen의 본문 내용이 처음부터 끝까지 여성으로 일관한다는 점이다. 내용이 여성인데 실수로 표면에 명찰을 남성 것으로 붙였다고 그 내용인 여성이 남성으로 변하는 것은 아니다. 12세기까지 명실상부했던 여성이 13세기에 왜 Aegidius에 의해서 남성형으로 수면에 떠오름으로써 성경본문 내용을 정반대 방향으로 오도하는지 교회사와 성경해석사를 연관하여 살펴볼 필요가 있다.

물론 이 Origen 논의에 관련된 학자들은 이미 다 비교해 보았을 것이다. 이렇게 중요한 것을 그냥 지나쳐 버리지는 않았을 터이다. 그렇다면 왜 Grudem과 Piper는 Lampe나 Schulz처럼 Brooten이 Migne의 Patrologia Graeca(1857-1898)에서 Origen의 본문 주석이 끝까지 여성 유니아로 일관된 사실을 한 마디도 말하지 않았을까? 이러한 견해 피력이 나타나지 않음은, Brooten(1977), Lampe(1977), Schulz(1986-1987) 같은 학자들의 세심한 연구가 준비되어 있음에도 불구하고 읽어보지 못한 나머지, 그 연구 결과를 모르고 있을 때 남성 Iunias로 오해할 수 있겠지만, 이토록 중요한 문제는 그렇게 심층적인 분석 없이도 단순하게 결론 내려질 사안이 아님을 생각한다면, 필자는 Piper와 Grudem이 의식

46

적으로 Brooten, Lampe, Schulz의 연구들을 언급하지 않은 것으로 추론해 본다. 이것은 또 한 번의 형평성 원칙 적용에 실패한 사례로 남는다.

또 한 가지 중요한 사실은 유명한 교부 Origen의 주석도 중요하지만, 3-4세기 Chrysostom의 주석 방법의 배경 이해도 상당히 중요하다고 본다. Chrysostom이 문법적, 역사적 해석에 치중하여 32회나 로마서를 강해한 교부라는 역사적 사실은 그의 주석을 신뢰하게 만든다. Epiphanius의 제자록과 Origen에 대한 Rufinus의 번역에는 그렇게 큰 무게를 주면서, 성경 로마서 본문을 32회나 되풀이하여 문법적, 역사적으로 해석한 Chrysostom에 대해서는 Grudem과 Piper가 가볍게 다루려하는 의도를 엿볼 수 있다. 이는 그 교부가 단지 성경본문 해석과만 관련되어 있다고 치부하며, 논리 전개에 있어서 형평성 원칙을 올바로 적용하지 않으려는 모순에 스스로 빠져들고 있는 비학자적인 모습으로 비친다. 그 어떤 자료보다 롬 16:7을 강해설교를 위해서 직접 해석한 자료가 분명히 더 무게가 있기 때문이다.

2.2.2.4. 어미 -as를 가진 남성명이 신약성경에 있음에 대한 이견

Grudem과 Piper는 신약성경 안에서조차 -as로 끝나는 남성명은 색다른 것이 아니라는 것을 A. T. Robertson의 책을 인용하면서, -as의 어미를 가진 많은 이름들은 분명히 남성명의 축약형이라고 주장한다.

물론 그들이 제시하는 예들은 다 헬라어 신약성경 안에 있는 'Ανδρεάς(마10:2), 'Ηλίας(마11:14), 'Ησαίας(요1:23), Ζαχαρίας(눅1:5)임에는 두말할 나위가 없다. 그러나 두 학자들이 간과한 점이 몇 가지가 있는데, 첫째는 우리의 논의의 대상인 Iunia(s)는 라틴명으로서 헬라어 Ιουνιαν으로 번역 기록되었다는 점이다. 사전에 의하면, 'Ανδρεάς는 가장 좋은 헬라명으

로서 신약성경에 있는 유일한 사람이라고 설명하고 있고,[34] 'Ηλίας, 'Ησαίας와 Ζαχαρίας는 히브리명으로, 이 네 이름들은 라틴어가 아니므로 증거 제시 비교에서 제외되어야만 한다.

두 번째는, 두 학자들이 가장 분명한 예로서 제시한 Σιλᾶς(행 15:22)에 대한 것인데, 그들은 이것을 라틴명 Silvanus = 헬라명 Σιλουανός(살전1:1, 벧전5:12)의 축약형이라고 제시한다. 이 축약형 제시는 심층적인 연구 부족의 한계를 거듭해서 드러내 보이는 사례라고 필자는 생각한다.

학자들에 의하면, Silas는 유대가족명 Saul의 아람어 표현으로서 축약명이 아닌 하나의 온전한 고유명이며, Silvanus는 이 아람어 표현에서 파생된 완전한 고유 라틴명이다. 실라는 사도바울처럼 독립된 두 개의 이름을 가진 것이다.[35]

Σιλᾶς는 아람명 Silas의 헬라어 음역 표기이고, Σιλουανός는 라틴명 Silvanus의 헬라어 음역 표기일 뿐이며, 라틴명 Silvanus의 축약형이 Silas가 된 것이 아니다. 또 한 가지 염두에 두어야 할 사항은, 라틴명의 애칭명은 본명보다 길어지는 것이 정상이다. 즉 Silvanus의 애칭명은 Silvanus보다 길어져야 하지 Silas처럼 짧아져서는 라틴명의 일반법칙에 벗어난다. 두 이름이 독립된 고유의 본명이기 때문에 그들이 신약성경에서 가장 분명한 예로 제시한 축약형 Σιλᾶς 논의는 아무런 상관성이 없는 것을 무분별하게 아무 근거도 없이 제시한 것이라고 말할 수 있다.

셋째로 그들이 또 한 가지 간과한 것은, 사도바울의 라틴명 호칭 습

---

34) Horst Balz and Gerhard Schneider, *EDNT*, Vol. 1, p. 95; David Noel Freedman, ABD, Vol. 1, p.242.
35) Horst Balz and G, Schneider, EDNT, Vol. 3, p. 243; D.N. Freedman, ABD, Vol.6. p. 22; W. Bauer, GELNT. p.750

48

관이다. Schulz의 연구를 분석해 보자.

> "a. 주석가(Lietzmann)들은 Iunias가 긴 라틴명의 축약형-친밀형
> -애칭형이라 한다.[36] 그러나 정상적으로 라틴명의 애칭형은 짧게
> 되는 것이 아니라 길게 된다. 라틴명 Prisca의 애칭은 Priscilla, 헬
> 라어로는 Πρίσκα(롬 16:3)의 애칭은 Πρίσκιλλα(행 18:18)이다. 반
> 대로 헬라명들은 보통 친밀형/애칭형에서 짧아진다. 그 예로서, 헬
> 라명 Ἐπαφρόδιτος(빌2:25)의 애칭형은 Ἐπαφρᾶς(골4:12)이다. 따
> 라서 Iunias 논의는 이러한 일반 법칙에서 예외가 되어야만 한다.
> b. 사도 바울은 라틴명 호칭에 있어서 친밀형/애칭형 사용을
> 기피하는 것으로 사료된다. 그는 단지 더욱 공식적인 라틴명
> Silvanus(헬라어 Σιλουανός)를 쓰고(고후1:19, 살전1:1, 살후1:1),
> 결코 Silas로 쓰지 않는다 (Silas/Silvanus와 Iunias/Iunianus는 비슷
> 한 어미이다. Silas에 어떻게 악센트를 찍는지 불확실하다). 더 나
> 은 본문에 의하면, 바울은 Prisca만을 쓰지 애칭인 Priscilla를 결코
> 쓰지 않는다(롬 16:3, 고전16:19, 딤후4:19)."[37]

Schulz에 의하면, 사도 바울의 공식적인 라틴명 호칭 습관에 따라 축
약형 Iunias 대신에 Iunianus로서 롬 16:7에서 호칭되어야 함에도 불구
하고, 그 반대가 되었다는 점은 하나의 희귀한 예외이든지, 혹은 Iunias
가 남성명을 위한 Iunianus의 축약형이라는 논리가 모순을 빚고 있음을
드러내는 것으로 사료된다. 따라서 두 학자들이 제시한 어미 -as와 그
예들은 심층적인 분석과 고찰이 결여된 성급한 증거 제시의 또 한 가
지 본보기가 된 것처럼 보인다. 필자가 Schulz의 연구(b항)를 분석해

---

36) A. Lietzmann, *An die Roemer* (Tuebingen: 1933), p.125.
37) Ray R. Schulz, Ibid., pp.109-110.

볼 때, Schulz가 공식적인 명칭과 친밀형의 대조에서 Silas/Silvanus와 Iunias/Iunianus를 같은 어미를 가진 이름들로서 비교하는 과정에서 Schulz도 Silas를 Silvanus의 축약형으로 혼동하고 있는 듯한 느낌을 받는데, 아람명 Silas와 라틴명 Silvanus는 독립된 두 이름들이며, Iunias/Iunianus와의 상관관계와는 무관한 것임을 필자는 한 번 더 지적해 두고자 한다.

지금까지 우리는 유니아는 남성 Iunias인가에 대한 견해를 피상적인 것으로부터 심층적인 것까지 살펴보았다. Grudem과 Piper, Foh 등의 주장에서 그들의 문법적 고찰은 너무나 피상적이어서, 혼합된 성 집합에 대해 쓰이는 단어 형태도 남성 형태이어야만 한다는 것을 드러내지 못하는 문법 지식의 한계와 함께 오히려 generic gender에 대해서 의식적으로 외면하려는 태도를 보이고 있다.

또한 축약형 Iunias에 대한 고증학적, 역사적 증거를 찾는 과정에서도 숫자적으로는 그 방대함을 표방하지만, 250개의 증거들을 외면하고 있는 모습이 의아스럽고, 그나마 세 가지 발견된 중에서, 신약성경 형성시대 당시에 여성명으로 사용되었다고 인정하면서도, 오히려 모든 학자들이 축약형을 받아들이지 않는 상황에서 "주교가 되었다"는 그 언급 때문에 남성형으로 단정하면서 가장 문법적, 역사적 성경 강해를 해 왔던 Chrysostom의 고증학적, 역사적 증거 가치를 하락시킨 점을 이해하기 힘들다.

또한 Migne의 책 중에서 Origen의 주석 내용은 시종일관 여성 유니아였음에도 불구하고, 라틴역에서 s가 덧붙여진 이름 Iunias 때문에 성경본문 이름을 남성으로 포장하는 시도도 필히 다시 한번 스스로 문제를 제기했어야 했지만 그들은 그렇지 않았다. 만약 그들이 내용과 그 내용에 관련된 사람 이름을 한 번만 더 재고했다면 그들도 역시 Brooten과 같은 결과를 얻을 수 있었을 것이다. 그러나 그들은 그것도 기피한 것으로 보인다. Epiphanius의 Iunias 기록보다 오히려 Origen의 단 한 곳에서의 Iunias 기록에 더 큰 무게를 주어서 중요성을 더 크게 부각시켰다.

그리고 어미 –as로 끝나는 이름 제시도 심사숙고한 흔적이 전혀 없다. 단어의 어미가 비슷하다고 해서 생각 없이 신약성경에 나오는 이름을 드러내 보이는 것 같다. Iunias란 이름은 라틴명으로서 신약성경에는 헬라어로 음역 기록되었다는 특수성을 꼭 고려해야만 한다. 특히 이 이름은 신학적인 논의의 중심에 서 있는 단어이기 때문에, 그 이름이 불리워졌던 소속 사회의 어원적인 증거가 필히 제공되어야 하며, 그 시대의 호칭법에 맞아야 하고, 특히 라틴명이 헬라명으로 번역되는 과정에 적용되는 어떤 원칙이 제시되어야 함에도 그런 점은 전혀 찾을 수 없다.

그 한 예로서, 라틴명의 본명과 친밀형/애칭형의 경우, 라틴명의 본명은 짧고 친밀형은 길다는 점(본명 Prisca의 애칭은 Priscilla)을 본문의 유니아에 적용해 보면, 그 경우는 정반대이다. 즉 본명 Iunianus는 친밀형 Iunias보다 길다. 또한 로마서는 사도 바울이 저자이며, 그 저자의 라틴명 호칭 습관은 공식적인 이름만 부르는 것이지 친밀형이 아니라는 점이다. 만약 Iunias가 Iunianus의 축약형이라는 학자들의 견해가 옳아서 Iunianus가 본명이라면, 사도 바울은 Iunias 대신에 Iunianus를 공식적으로 불렀을 것이 아니겠는가? 다른 말로 바꾸면, 만약 사도 바울이 그의 호칭 습관에 따라서 본명으로 Iunianus를 불렀다면, Iunias는 Iunianus의 애칭명이 될 것이다.(그러나 이 때 일반적인 라틴명 본명과 애칭명 형식에서는 예외가 된다.) 희귀한 논리를 전개하면서, Grudem

과 Piper는 "그러므로 이름의 형태가 의미하는 것에 대해서 독단적이
될 방법은 없다. 그 이름은 여성일 수도 있고 남성일 수도 있다"고 결
론을 내린다. 그와 같은 결론을 내리면서도 여성명은 인정치 않고 본인
들은 남성 Iunias만을 고집한다는 점은 여전히 명쾌하지 못하고 답답한
문제만을 남기고 있다는 인상을 받는다. 또한 그들의 남성 편향적인 독
단은 안드로니고/유니아의 성 집합을 브리스가/아굴라의(여/남) 관계,
드루배나/드루보사(여/여)의 관계와 비교하면서, 남/여의 집합은 제외
시키고 여/여의 집합이 존재하므로 안드로니고/유니아의 성 집합은 남
/남이라고 규정하는 데에서 여실히 드러난다. 성경해석에서 이와 같은
논리원칙 형평성 적용이 편향되어서는 안된다고 생각한다.

이제 라틴명과 헬라명의 형태론적/어형론적 상관성에 대한 고찰로서
이 문제를 풀어나가 보도록 하자.

2.3. 라틴명과 헬라명의 형태론적/어형론적 상관성에 대한 고찰

유니아는 본래 라틴명으로서 로마서 16장에 헬라어로 음역 기록되어
있다. 따라서 라틴명의 특성과 헬라어로 번역되는 과정에서 적용되는
어떤 틀이나 규칙이 있는지를 고찰해보는 것이 다양한 학자들의 견해를
비교 정리해보는 데 도움이 될 수 있다고 생각한다. 우선 라틴명의 구
성과 그 구성 부분들이 성별에 따라 어떻게 적용되는지를 알아보고, 그

다음으로 라틴명이 헬라어로 번역될 때 적용되는 어형론적 상관성이 있는지를 살펴보고자 한다. 그 후에 두 가지의 고찰이 'Ιουνᾶν이나 'Ιουνίαν 중 어느 것에 바르게 적용되었는지를 찾아보고자 한다.

2.3.1. 라틴명의 구성[38]

전통적인 라틴명은 다음 순서에 따라 세 부분으로 구성된다. Praenomen (첫째 이름, 개인 이름), Nomen(둘째 이름, 씨족명)과 Cognomen(셋째 이름, 가족 이름)이 주요한 세 부분이고, 다른 부분들은 여러 가지 목적에 따라서 직책, 영예, 결연 등의 요소가 첨가된다.

거의 모든 씨족명들(nomina)은 형용사적인 접미사들을 달고 다니는데, -ius(남성)와 -ia(여성)가 그것이다. 여성들은 일반적으로 첫째 이름 (praenomen, 개인이름)을 갖지 않고 그들의 씨족명으로 불리운다. 따라서 Ιυλιυσς가 씨족명일 때, Gaius Iulius Caesar는 남성 이름인 반면에, 그의 딸들의 이름은 Iulia Major(율리아 첫째), Iulia Minor(율리아 둘째)로 불리운다.

2.3.1.1. 씨족명 Iunius(남성)와 Iunia(여성)의 사례

우선 씨족명 Iunius(본명)는 Iunias(Iunianus의 애칭명/단축형)와는 다르다는 점을 염두에 두고 살펴보도록 하자.

Iunius는 상당히 일반적이고 오래된 라틴 씨족명이다. 로마 공화정의 전통적인 창시자인 Lucius Iunius Brutus(4-5세기)는 이 씨족의 일원이

---

38) Richard S. Cervin, Ibid., pp.467-68.

었다. 그레코 로만 세계에서도 많은 수의 Iunius(Iunii)가 있었는데, 그들중에 Marcus Iunius Brutus(1세기)가 있고, 그는 줄리어스 시저의 암살자들 중의 하나이며, 그의 여동생은 Iunia로 불리운다.

Iunia familia에 대한 참고문헌들은 BC 1세기의 《Cornelius Nepos' Lives》와 BC 1세기-AD 1세기의 《Livy's History of Rome》과 AD 1-2세기의 《Tacitus' Annals》에서 찾을 수 있다. 또한 라틴 명시의 경구들 속에서도 D.M.U. Iunia Sabina와 Iunia Victoria와 다른 이름들이 언급되어 있고, 이 이름을 가진 여성들의 묘비에서도 발견된다.

물론 Iunius라는 남자 이름도 로마 작가들의 작품 속에서와 묘비에서 발견된다. 이 이름은 그레코 로만 시대의 많은 헬라인 저자들에게 잘 알려져 있다. BC 1세기 Halicarnassus의 《Dionysius》는 Iunius('Ιούνιος)와 Brutus(Βρούτος)라는 이름은 평민들의 이름이라는 것을 우리에게 말해주고(Roman Antiquities 5.18), 그 이름은 1세기의 Plutarch와 BC 1세기의 Diodorus Siculus, BC 2세기의 Polybius와 다른 작가들에 의해서 언급된다.

2.3.2. 라틴명과 헬라명의 어형론/형태론적 상관성[39]

그러면 라틴명들은 어떻게 헬라명으로 번역되는가를 알아보자. 일반적으로 적절한 문법적인 틀에 따라서 번역되는데, 이러한 원칙들은 신약성경을 통해서 일정하게 발견되며, 로마 시대의 헬라 문학에도 통용되었다.

---

39) Richard S. Cervin, Ibid., p.469.

2.3.2.1. 남성명

남성어미가 -us로 끝나는 라틴명들은 -ος로 끝나는 헬라명으로 바뀐다 (Paulus→Παῦλος). 또 남성어미가 -o로 끝나는 라틴명들은 -ων으로 된 헬라명으로 번역된다(Piso→Πείσων). 또 남성어미가 -a로 끝나는 라틴명 들은 -ας로 끝나는 헬라어 남성명으로 바뀐다(Agrippa→'Αγρίππας). 다른 이름들도 적절하게 규칙적으로 번역된다.

이 논의를 위해서 중요한 것은 -ius로 끝나는 모든 라틴 씨족명들은 규칙적으로 -ιος로 끝나는 헬라어로 번역된다는 사실이다.

Afranius → 'Αφράνιος	Antonius → 'Αντόνιος
Caecilius → Κεκίλιος	Cassius → Κάσσιος
Domitius → Δομίτιος	Favonius → Φαώνιος
Iulius → 'Ιούλιος	Lucius → Λεύκιος
Publius → Πόπλιος	Tiberius → Τιβέριος

2.3.2.2. 여성명

여성어미가 -a로 끝나는 여성 라틴명은 -α나 -η로 끝나는 여성 헬라 명으로 번역된다(Drusilla→Δρούσιλλα, Roma→'Ρώμη). 그리고 이 논의를 위해서 -ia로 끝나는 라틴 씨족명의 여성형도 -ία로 끝나는 여성 헬라 명으로 번역된다는 사실이 중요하다.

Aemilia → Αἰμυλία	Calpurnia → Καλπουρνία
Cornelia → Κορνηλία	Fulvia → Φουλβία
Iulia → 'Ιουλία	Marcia → Μαρκία
Octavia → 'Οκταουία	Poppaea → Ποππαία

2.3.3. 라틴명과 헬라명의 어형론적 상관성 고찰에 대한 결론

위에서 살펴본 대로 라틴명들을 헬라명들로 번역하는 표준방법에 따르면 라틴 씨족명 남성Iunius/여성Iunia는 헬라어로 남성’Ἰούνιος/여성’Ἰουνία로 번역된다. 롬 16장에서 필요한 격인 이 라틴명의 목적격은 남성Iunium/여성Iuniam이고 성별은 즉시 쉽게 식별할 수 있다. 마찬가지로 헬라어로 된 목적격도 남성’Ἰούνιον/여성’Ἰουνίαν으로 번역되는데, 성 구별의 형태에 전혀 모호함이 없는 번역이다. 이 번역에 따르면 여성 목적격 ’Ἰουνίαν이 롬 16:7 본문에 선택된다는 결론이다. 이것은 Accent를 찍기 전의 대문자 IOYNIAN의 철자와 정확하게 일치한다. 또한 박윤선의 개혁주의적 성경해석법 중에서 “…원어에 의해 문법적으로 해석하고…”에 부합된다. 문법이란 언어생활의 일상습관과, 보이지 않지만 존재하는 언어양식 체계를 정리해 놓은 보편성을 지닌 언어법칙이라고 정의한다면, 라틴명과 헬라명의 어형론적 상관성도 그 보편성을 지닌 언어법칙이다. 여성 목적격 ’Ἰουνίαν은 이 언어법칙을 증거하는 보편성이 있는 명확한 하나의 사례이다. 대문자 IOYNIAN은 성령과 인간 저자 바울사도의 동류적(concursive) 작용으로 쓰여진 정확무오한 하나님의 말씀 중의 한 단어이다. 인간들의 편리함을 위해서 Accent를 찍거나 소문자 사본이나 대문자 사본들을 필사하기 전의 원문이라고 그것을 추론할 때, 롬 16:3의 ΠΡΙΣΚΑΝ(브리스가)이 악센트 없이도 여성명으로 확인되는 것과 똑같은 방식으로 IOYNIAN도 여성명으로 확인된다. 헬라어 문법에 능숙했던 헬라교부 Chrysostom이 4세기에 악센트 없는 본문을 문법적으로 해석하면서 ‘여성 사도’라고 규명한 것은 문법의 보편성을 지닌 언어법칙에 따라서 행한 지극히 자연스러운 해석이라 할 수 있다. 성별 구분하는 표시가 없이도, 언어생활의 일상관습에 따라서 성별은 가장 자연스럽게 구별될 수도 있음을 보여주는 사례이다.

그럼에도 불구하고 상당수의 성경본문 속에는 낯선 'Ιουνιᾶν이 등장하지만, 남성 'Ιουνιᾶν→'Ιουνιᾶς＝Iunias→Iunianus로 귀결되는 희귀한 추론은 문법의 보편성이 완전히 결여된 "가상적인 존재로서의 별명"에 대한 추론일 뿐이라는 Cervin의 논리 앞에서는 그 설득력을 잃고 만다.

따라서 'Ιουνιᾶν과 'Ιουνίαν에 대한 학자들의 견해가 다양한데, 그렇게 상충되는 까닭은 무엇 때문인가?

2.4. 성에 대한 토론의 결론

우리는 이때까지 유니아의 성별에 대한 학자들의 견해를 남성이라는 주장과 그 주장에 대한 반론 형식을 취하면서 비교 검토해 본 결과 다음의 사항들을 알게 되었다.

첫째, 헬라어 문법적 고찰에서, '혼합된 성의 복수'는 generic gender 의 경우에 해당되기 때문에, 심층적인 문법은 남성복수 형태만이 혼합된 성의 복수에 적용 가능함을 알았다. 따라서 본문에 나오는 정관사, 명사, 관계대명사들의 남성 복수형이 반드시 남성 단어들만을 수식하지 않는다는 문법 내용을 알게 되었다. 이것으로써 우리는 본문의 유니아는 남성만이 아니라 여성일 가능성도 확인하였다.

둘째, 축약형 Iunias에 대한 역사적 증거 제시에서도 "① 우리는 알 수 없다. 그 증거가 결정적이지 못하다. ② 신약성경 시대에는 여성명으로 사용되었다. 그러나 교부들의 의견은 양분되었고, 거기에다가 시종일관 여성으로 주석한 Origen의 본문 설명 중에서 단지 한 곳에서 Iunias를 사용한 것 때문에 거기에 무게를 두어 남성 Iunias로 결론을 내리는 모습과, ③ (우리가 논의하고 있는 것은 라틴명인데) 헬라명이나 히브리명에서 -as로 끝나는 남성 이름들이 신약성경에 있으므로, 이름의 형태가 의미하는 것에 대해서 독단적이 될 방법은 없으므로 그 이름은 여성일 수도 남성일 수도 있다고 하면서도 남성명 선호의 독단"을 감행하는 학자들의 주장을 살폈다.

또한 이 주장에 대한 반론으로서 ① 250개의 증거 제시로 유니아는 흔한 여성 이름이었음과 ② Origen의 주석 내용은 시종일관 여성이었으며 Epiphanius의 제자록에 대해서는 반론학자들의 언급이 없었으며, 교부들은 롬 16:7을 유니아나 율리아, 즉 여성으로 13세기까지 강해해 왔으며, ③ 신약성경에 나오는 -as 어미를 가진 남성명들이 있을지라도, 우리의 논의의 대상인 라틴명이 아니고, 대부분 헬라명, 히브리명 (아람명)이기 때문에 우리의 논의에서 제외한다는 사실과 ④ 라틴명의 본명과 애칭형, 그리고 헬라명의 본명과 애칭명의 차이점, 또한 사도바울의 라틴명 호칭 습관, 즉 공식적인 라틴 본명을 호칭하고 축약형을 사용하지 않는 습관에 따라서 본문의 유니아는 여성명일 가능성이 크다는 점을 확인해 보았다.

셋째, 호칭에 대해 확실한 지침을 확보하지 못해서 혼동하고 있는 주장들에 대해서, 라틴명이 헬라명으로 번역되는 과정에서의 어형론적, 형태론적 상관성 고찰을 제시한 Cervin의 연구가 문법적인 확실한 이정표로 세워져서, 성 구별의 형태의 모호함을 제거하고, 여성 유니아

쪽으로 방향을 확실하게 잡게 만들고 있음을 알아보았다.

이제 우리는 Cervin의 연구에 대한 반론이 없음을 전제하고 Cervin
의 결론을 따라서 학자들의 견해에 대한 소결론을 내리고 그 다음 논
의로 넘어가 보는 것이 좋겠다고 생각한다.

> "Iunia란 이름에 대한 언어학적 증거에 대한 적절한 검증은 그
> 이름이 여성이고 남성이 아니라는 것을 보여준다. 그 이름의 남
> 성형은 라틴어로 Iunius이고 헬라어로 'Ιούνιος이다. 따라서 목적
> 격은 라틴어로 Iunium이고 헬라어로 'Ιούνιον이 각각 된다. 따라
> 서, 라틴어나 헬라어에서 이 이름의 남성형과 여성형에 대한 어
> 형론, 형태론에서는 전혀 모호성이 없이 분명하다. 그 이름이
> Iunias이고, 이것은 남성명 Iunianus의 축약형일 것이라는 학설은
> 아직까지 그러한 논리를 지원하는 실제적인 증거가 없기 때문에
> 사실 무근이다. Iunias라는 이름은 신약시대의 여건에서 어떤 헬
> 라어나 라틴어 문서에도 존재하지 않는다."[40]

여기서 Cervin이 Migne와 Epiphanius에 나와 있는 Iunias에 대해서
왜 언급을 하지 않으며, 신약시대의 어떤 라틴어나 헬라어 문서에도 존
재하지 않는다고 말하는 근거가 무엇인지 필자에게는 의문으로 여전히
남아 있다. 그러나 Migne에 대해서는 Schulz의 연구가 해결해 주었고,
Epiphanius의 제자록에 나와 있는 한 번의 Iunias에게 무게를 실어주기
위해서 Grudem과 Piper가 250개의 Iunia에 대해 무시하거나 회피하면
서 "우리는 유니아가 여성인지 알 수 없다. 그 증거가 결정적이지 못하

---

40) Ibid., pp.469-470.

다… 이름의 형태가 의미하는 것에 대해서 독단적이 될 방법은 없다. 그 이름은 여성일 수도, 남성일 수도 있다. 고대 헬라어 모든 문학 안에서 이 세 가지 예들만이 (Plutarch, Epiphanius, Chrysostom) 알려져 있기 때문에 헬라어를 사용하는 세계에서 유니아가 보통의 여성명이었다는 것을 아무도 확실하게 주장해서는 안된다…"[41]고 하는 그들의 주장들이 사실을 왜곡시키는 언급임을 감안하여 보면, 그들의 주장은 "유니아는 여성명이다"의 다른 형태의 표현이 될 수도 있겠다고 추론해 본다.

또 한 가지, Grudem과 Piper가 안드로니고와 유니아를 두 명의 남성으로 보는 이유를, 롬 16:12의 드루배나와 드루보사 두 명의 여성 때문이라고 주장한다.[42] 가능한 주장임에는 틀림이 없다. 그렇다면 그들은 롬 16:3의 브리스가와 아굴라 부부에 대한 경우를 가지고 안드로니고와 유니아를 부부로서도 볼 수 있는 혜안이 있어야 하지 않을까 하고 필자는 생각한다. 이번에도 두 가지의 가능한 경우가 롬 16장에 함께 있음에도, 그들은 여전히 한 경우에만 치우쳐서 남성임을 독단하고 있다. 이것은 그들의 논리 전개과정에 형평성의 원칙이 결여된 것임을 드러낸다.

---

41) John Piper & Wayne Grudem, Ibid., pp.79-80.
42) Ibid., p.80.

제3장 P⁴⁶

그레코 로만 시대의 사회문화적 이해에 대한 설명 없이 한글성경에서 그 이름의 철자만으로는 유니아의 성별을 구별할 수 없다. 자연스레, 가장 오래된 헬라어 성경사본 본문을 찾아서 규명하려는 의도가 생긴다. 그런데 문제는 오래된 P⁴⁶(2세기), ℵ(4세기), A(5세기), B*(4세기), C(5세기), D*(6세기), F(9세기), G(9세기), P(9세기) 등의 대문자 사본들은 모두가 서적체 대문자(Uncials)로 필사되어 있는데다가 성별 구분을 위한 언어학적, 문법적 장치가 전혀 표시되어 있지 않으므로, 대문자 IOYNIAN만 가지고는 한글 유니아처럼 성별 구분이 불가능하다는 점이다. 그러나 이 대문자 사본들은 P⁴⁶의 롬 16:7에 나오는 IOYΛIAN의 철자가 IOYNIAN의 이문(異文)임을 입증하는 데에는 기여하고 있다.

또한 P⁴⁶에 수록되어 있는 롬 16:7과 롬 16:15 속의 여성명에 대한 상호적인 고증과 그 고증결과를 지지하는 B²(6-7세기), D²(9세기), ψ ᵛᴵᴰ(8-9세기), L(9세기), 0150(9세기)의 대문자 사본들과 수많은 소문자 사본들과(9-14세기) 교부들의 성구집들(4-13세기)과 고대 역본들(3-9세기)과 성경들(19-20세기)이 유니아가 여성임을 추론하는 데에 기여하고 있으므로, 현존하는 사본 중에 가장 오래된 P⁴⁶에 대해서 논의하고자 한다.

3.1. P⁴⁶의 연대에 대한 논의

런던의 체스터 베티(Chester Beatty) 경이 1930-31년 사이에 획득한 신약의 파피루스 사본 중에 그 둘째 체스터 베티 성경 파피루스에는 P⁴⁶이라는 부호가 붙어 있다.43) P⁴⁶에는 목회서신을 제외한 바울 서신들 대부분이 기록되어 있는데 그 사본의 기록 연대는 문헌학자들에 따라서 다르게 주장되고 있으나, 일반적으로 AD 200년으로 그 연대를 잡는다. 몇몇 학자들의 견해를 살펴보도록 하자.

P. W. Comfort는 그 연대를 AD 85-150년으로 잡는데, 그 이유를 다음과 같이 설명한다.

"P⁴⁶의 연대는 보통 AD 200년으로 잡는다. 그런데 1988년에 쓰여진 상당히 신빙성 있는 논문을 통해, 김영규는 P⁴⁶의 연대를 도미티안 황제의 치리시대(AD 81-96)로 잡았는데, P⁴⁶의 필사체를 다른 문학적인 파피루스와 비교할 때 1세기의 필사체와 같고, 또 2-3세기로부터는 그것과 평행되는 파피루스가 없기 때문이다. 만약 이 연대가 정확하다면, 우리는 바울 작품이 쓰여진 바로 같은 세대 내에 필사된 바울서신 작품의 사본을 갖게 되는 것이다… 김(Kim)의 연대가 너무 이르게 잡혔다 할지라도 그것은 일반적으로 잡혀진 AD 200년에 도전을 가하는 것이며, 적어도 P⁴⁶은 1세기 후반이나 2세기 중반(85-150)으로 그 연대가 잡힌다고 말할 수 있다."44)

---

43) B. Metzger, 「사본학」, p.51-52.
44) Philip Wesley Comfort, *The Quest for the Original Text of New*

그러나 B. M. Metzger는 그 주장을 받아들이지 않는데, 그 이유는 다음과 같다.

"P^{46}은 완전하게 정상적인 복사판이다. 분명 바울서신의 정형이 아니다! P^{46}에 9개의 서신들로 모아지기까지 어느 정도 시간이 걸렸을 것이고, 그 후 바울서신(그 정형)으로부터 필사한 한 필사물이 되었을 것이다. 그리고 마지막으로 이것을 복사한 한 필사판이 이집트 내륙에 도착하였을 것이다. 더욱이 T. C. Skeat이 필자(Metzger)에게 1988년 10월 15일로 날짜가 표기된 한 편지에서 "매우 넓은 여지로서 이것이 현존하는 가장 오래된 기독교 사본이며, 현존하는 파피루스 사본 가운데 가장 오래된 예인 것을 받아들여야만 할 것 같습니다. 더욱이 P^{46}은 잘 발달된 nomina sacra(신성한 이름 축약 표기)의 체계가 광범위하게 사용되는데, 이 체계는 단지 주후 80년뿐만 아니라 아마도 그것의 조상들 중 하나에서도 존재할 수 있었다고 믿기 어려운 것입니다. 그러므로 필자(Skeat)는 Kim의 논제를 받아들이기가 불가능하다고 봅니다'라고 쓰고 있다. 500개 이상의 사본 원형과 사진을 조사했던 고 E. G. Turner가 P^{46}의 연대를 아주 확신 있게 '3세기'로 설정했던 것은 분명히 중요하다."[45]

Testament (Grand Rapids: Baker Book House, 1992), pp. 30-31.
45) B. Metzger, 「사본학」, p.326.

3.2. ΙΟΥΝΙΑΝ 대신 ΙΟΥΛΙΑΝ

P[46]의 필사 연대가 85-150년 혹은 200년 중 어느 것이든 간에, 문헌학자 김영규나 Skeat가 언급한 대로 P[46]이 현존하는 기독교 사본 중에서 가장 오래된 것이며 또한 현존하는 파피루스 가운데서도 가장 오래된 예라는 점이 필자에게는 중요하다. 더욱 중요한 것은 ΙΟΥΝΙΑΝ이 ΙΟΥΛΙΑΝ으로 표기되었다는 사실이다. 비교를 위해 P[46], NA[27]과 NAGE NT[8]의 롬 16:7 본문을 아래에 적어본다(UBS[4] 본문 내용에는 부호가 없으므로 명기함에서 제외함).

NA[27]

ἀσπάσασθε ᾽Ανδρόνικον καὶ <u>Ἰουνιᾶν</u> τοὺς συγγενεῖς μου καὶ συναιχμαλώτους μου, οἵτινές εἰσιν ἐπίσημοι ἐν τοῖς ἀποστόλοις,   οἳ καὶ πρὸ ἐμοῦ γέγοναν ἐν Χριστῷ.

NAGENT[4] (NA[27]과 ᾽Ιουνίαν만 제외하고 다 같음)

ἀσπάσασθε ᾽Ανδρόνικον καὶ ⌜Ἰουνίαν τοὺς συγγενεῖς μου καὶ συναιχμαλώτους μου, οἵτινές εἰσιν ἐπίσημοι ἐν τοῖς ἀποστόλοις,   οἳ καὶ πρὸ ἐμοῦ γέγοναν ἐν Χριστῷ.

P[46]

ΑΣΠΑΣΑΣΘΕ ΑΝΔΡΟΝΙΚΟΝ ΚΑΙ ΙΟΥΛΙΑΝ ΤΟΥΣ ΣΥΓΓΕΝΕΙΣ ΜΟΥ ΚΑΙ ΤΟΥΣ ΣΥΝΑΙΧΜΑΛΩΤΟΥΣ ΜΟΥ ΟΙΤΙΝΕΣ ΕΙΣΙΝ ΕΠΙΣΗΜΟΙ ΕΝ ΤΟΙΣ ΑΠΟΣΤΟΛΟΙΣ ΟΣ ΚΑΙ ΠΡΟ ΕΜΟΥ ΓΕΓΟΝΕΝ

EN ΧΡΙΣΤΩ

이상과 같은 NA²⁷이나 NAGENT⁴의 롬 16:7 본문을 보면, 'Ιουνιᾶν과 'Ιουνίαν을 각각에서 발견한다. 비평부호 「 는 그 다음에 나오는 낱말이 다른 하나의 낱말 또는 여러 낱말들로 대치되었음을 뜻한다.46) 즉 비평부호 「 다음에 나오는 낱말 Ιουνιαν(악센트는 생략함)이 비평자료 란에 표시된 사본 P⁴⁶에서는 <u>ΙΟΥΛΙΑΝ</u>으로 표기되어 있음을 알려준다. 역으로 말하면, AD 1-3세기 경에 P⁴⁶에 <u>ΙΟΥΛΙΑΝ</u>으로 필사된 것이 20 세기의 사본에는 'Ιουνίαν으로 정정 표기되었다고 볼 수 있다. 그러나 두 이름 중에 어느 것이 바울 사도가 의도했던 이름인지는 이 수준에 서는 알 수 없으므로 다음 항에서 minuscules(소문자) 사본에서도 'Ιουλίαν으로 표기된 부분을 살펴볼 때 함께 확인하도록 하자.

3.3. minuscules(소문자) 사본에서의 'Ιουλίαν

P⁴⁶ 다음으로 살펴볼 것은 소문자 사본들인데, 소문자 사본들 6(13세 기), 606(연대 미상), 1718(연대 미상)과 2685(연대 미상)에도 'Ιουνιαν 대신 'Ιουλίαν으로 필사되었다.

이것은 P⁴⁶과 같은 본문 전승을 따랐기 때문이거나, 아니면 후대의 필사자들의 실수가 우연히 P⁴⁶과 같아진 것일 수 있다. 후자의 경우라 면 아래와 같은 추론이 가능하다.

46) 45) Barbara and Kurt, Aland, The Critical Apparatus in Introduction to NTGNA 27 , 3 rd ed, Deutsche Bibelgesellschaft, Stuttgart, 1995. p. 52.

66

필사자들이 ’Ιουνίαν을 ’Ιουλίαν으로 표기해 놓고도 마음에 전혀 부담을 느끼지 않았던 개연성들 중의 하나는, 아마도 롬 16:7에서 바울이 소개하는 두 사람 중에 ’Ανδρόνικον은 남성이고 ’Ιουνίαν은 여성이라는 당연한 의식이 사회적, 문화적 영향으로 그들의 머리에 이미 자리잡았기 때문에, 분명한 여성명 목적격인 ’Ιουλίαν을 써 놓고도 아무런 문제제기나 이의 없이 13세기까지 온 것이 아닐까?

3세기의 콥틱어 사본, 4-5세기의 에티오피아어 사본과 라틴어 벌게이트 사본, 8-9세기의 라틴어 사본들도 율리아라는 여성명을 필사함으로써 유니아의 변형을 나타낸다. 즉 롬 16:7 본문의 한 사람은 여성임을 증거하는 부분이라고 추론할 수 있다.

3.4. 롬 16:15과의 관계

P[46] 롬 16:7 ----- ΙΟΥΛΙΑΝ

P[46] 롬 16:15 ---- ΒΗΠΕΑ ΚΑΙ ΑΟΥΛΙΑΝ

위의 표기에서 구분할 수 있듯이 P[46]에서 필사자는 7절의 ΙΟΥΛΙΑΝ과 15절의 ΑΟΥΛΙΑΝ은 서로 다른 사람으로 보고 있음이 분명해진다. 또한 P[46]에 수록된 롬 16:7의 ΙΟΥΛΙΑΝ이 ΙΟΥΝΙΑΝ임을 증거하는 사본들은, 철자 확인을 위한 ℵ, A, B*, C, D*, F, G, P을 비롯하여, ΙΟΥΝΙΑΝ이 여성임을 증거하는 교정된 대문자 사본들, 고대 역본들, 소문자 사본들, 교부들의 성구집 들이다. 따라서 다른 사본에서 볼 수 있는 바와 같이 7절의 율리아와 15절의 율리아는 동명이인도 아니고 동일인도 아니고 분명한 이명이인이다. 따라서 7절의 ’Iουλίαν은 ’Iουνίαν의 이문이고, 15절의 ’Aουλίαν은 ’Iουλίαν의 이문이고, 또한 Bηρεα도 Nηρέα의 이문이다.

어떤 학자들은 3절 브리스가와 아굴라가 부부인 것처럼, 15절의 빌롤로고와 율리아도 부부이거나 혹은 남매일 가능성이 크다고 본다. 부부일 경우 그 다음의 네레오와 그의 자매는 빌롤로고와 율리아의 자녀일 가능성이 크다고 본다.[47] 따라서 이 15절과의 비교에서 볼 때, 7절의 유니아는 15절의 율리아와 같은 성(gender)을 가졌다고 추론할 수 있다.

3.4.1. Lectionary Chrysostom(4세기)

우리는 지금까지 2세기의 P[46]으로부터 시작하여, 4세기부터 9세기까지의 대문자 사본들과 9세기부터 14세기에 이르는 소문자 사본들을 살펴보면서, 대문자 IOYNIAN으로서는 성별 구분이 불가능하나, 변형된 IOYΛIAN의 성별이 롬 16:15의 AOYΛIAN의 성별에 대한 고찰을 통해서 롬 16:7의 IOYΛIAN이 여성임을 추론했다.

그런데 P[46]의 추론에 확실성을 고증할 수 있는 방법이 있는데, 그것은 우리가 자칫 눈여겨보지 않을 수 있는 헬라 교부 요한 크리소스톰의 성구집이다. 필자가 여기에 중요성을 두는 이유는 헬라 교부 크리소스톰의 초대교회사에 미친 성경해석학적 노력 때문이다.

---

47) James Dunn, Ibid., p.898.

그는 350년 경에 안디옥에서 태어나서, 경건한 어머니 안두사에 의해 양육되었고, 당대의 세계적인 수사학자 리바니우스의 영향으로 공중 연설가가 되었다. 그의 본명은 요한이고, 그의 호칭 크리소스톰은 '황금의 입을 가진'이라는 뜻인데, 안디옥에서 381년에 멜레티우스 감독에게서 집사로 안수받고, 후에 플라비안 감독(381-404)은 요한을 사제로 삼았는데, 36살 때부터 천부적인 말재주로 안디옥 제일의 교회에서 설교를 시작했다. 천부적 설교가 요한의 메시지는 훌륭한 가정교육, 안디옥의 학풍, 수사학적 배경이 있었기 때문이었는데, 감독 테오도레와 함께 그는 문법적, 역사적 해석에 대한 깊은 연구를 했다. 안디옥에서 12년 동안 성경을 강해하면서 한 설교는 창세기에 관한 설교가 67회, 마태복음은 90회, 요한복음은 88회, 로마서는 32회, 고린도후서는 74회나 되었다.

그의 신학적 공헌은 전형적인 안디옥의 전통을 반영했다. 아리우스에 맞서서 니케아 전통에 확고히 서 있었고, 성육신에 있어서도 완벽한 신성과 인성이 성육신 그리스도 안에 존재한다는 안디옥의 전통을 따랐다. 또한 마리아를 데오토코스(theotokos), 즉 '하나님을 낳은 자'라고 부르는 것에 반대했는데, 후에 토마스 아퀴나스는 요한의 이런 견해가 마리아에게 무례한 것이라고 여겼다. 원죄 개념도 안디옥의 전통을 반영한다. 요한의 명성은 설교에 있었고, 그 설교의 근간은 성경에 기초하였는데, 안디옥파의 영향으로 알레고리 해석을 배제하고 "문법적이고 문자 그대로의 의미를 추구하여 성경을 해석했으며, 문법적 역사적 해석"에 깊은 연구를 했다.[48] 그의 저서 《조상(彫像)들에 대한 설교》와 《사제직(The Priesthood)》과 더불어 32회의 로마서 강해설교에서 유니아를 칭찬했던 말은 오늘날 우리가 롬 16:7의 해석을 놓고 갈 바

---

48) 박용규, 「초대교회사」(서울: 총신대학교출판부, 1994), pp.416-420.

를 정하지 못하는 상황에 하나의 명료한 이정표를 제시한다고 본다. "사도의 명칭을 받기에 합당한 이 여자 유니아의 헌신이 얼마나 위대했는지!"[49]라고 4세기의 콘스탄티노플 주교는 강해했다. 그의 설교는 (현재 남아 있는 설교 600편 이상) 현대 설교가들의 모델로서 "나의 사역은 흙탕물이 끊임없이 흐르고 있는 땅의 한 구획을 깨끗이 청소하려는 사람의 일과 같다"[50]는 그의 언급은 오늘날 롬 16:7에도 적용할 수 있는 예언과도 같다고 말할 수 있겠다.

간단히 정리하면, 헬라 사회문화에 익숙한 헬라 교부 요한 크리소스톰이 성경을 헬라어 문법적, 문자적, 역사적으로 해석하며 강해설교하는 중에 67회의 창세기 강해의 뒷받침으로 32회나 로마서를 강해했다면, 그가 유니아를 향하여 '여성 사도'라고 언급하며 칭찬하는 것은 그 어떤 사본학적 뒷받침보다도 강력한 고증이라고 추론한다. 그것은 그 자체로서 롬 16:7의 유니아의 여성성을 뒷받침하는 독립적인 고증 역할을 함과 동시에, P[46]에 필사된 롬 16:7의 율리아가 유니아의 이문으로서 여성임을 지지하는 강력한 근거를 제공한다.

3.4.2. TR, WH, AD, TEV[mg], REB[mg], NRSV (19-20세기)

19세기의 Textus Receptus와 Westcott and Hort 인쇄판, 그리고 20세기의 Apostoliki Diakonia와 Today's English Version[mg], Revised English Bible[mg], New Revised Standard Version도 롬 16:7 본문에서 'Ιουνία의 여성명을 증거하고 있으므로, P[46]에 있는 롬 16:7의 율리아는

---

49) John Chrysostom, Homilies on Romans 31. Rom 16.7.
50) 박용규, 「초대교회사」, p.420.

유니아의 이문임을 거듭 확인해 준다고 추론할 수 있다.

3.5. 사본 종류와 그 연대에 따른 성별 구분 시점 추론에 대한 평가

다음 표가 보여주는 것처럼 P⁴⁶(2세기)에서는 변형 'Ιουλίαν이지만, 이때 이미 여성으로 구분되었음을 추론하는데, 이 말은 로마서 원본 원문도 여성이었을 것으로 추론케 한다. 4-9세기의 uncials 사본 ℵ, A, B*, C, D*, F, G, P 들은 성별 구분할 증거가 없으므로 IOYNIAN 자체만으로는 남성이나 여성 그 어느 한쪽으로의 성별 구별이 불가능하지만, 그 철자가 P⁴⁶의 IOYΛIAN의 이문임을 뒷받침하는 근거로 쓰인다는 것을 추론케 한다. 또, 3-9세기 경의 번역본들인 itʳᵃ.ᵇ, vgᵐˢˢ, copᵇᵒ, eᵗʰ Jerome도 변형 'Ιουλίαν이지만 여성으로 구분되었음을 추론케 한다. 6-9세기의 교정된 대문자 사본들인 B², D², Ψᵛⁱᵈ, L, 0150, Byz[L] 들도 여성 IOYNIAN을 지지한다. 9-14세기의 minuscules 사본들(6, 33, 1739, 1881, 1912, 1962, 2127, 2200, M) 중 6은 변형 'Ιουλίαν으로 여성을 지지하고, 그외 모든 사본들은 'Ιουνίαν을 지지함으로 여성으로 구분하였다.

4세기의 Lect. Chrysostom도 분명하게 여성 사도임을 증명하였다. 그리고 19~20 세기의 인쇄본들인 TR, WH, AD, TEVᵐᵍ, REBᵐᵍ, NRSV 도 여성임을 증거한다.

비평본문 이문	NA²⁷ Ἰουνιᾶν (남성)	NAGENT⁸ Ἰουνίαν (여성)	UBS⁴ Ἰουνιᾶν (남성)	평가
Ἰουλίαν 여성명	P⁴⁶ 6 a b vg^mss bo	P⁴⁶ 6, 606, 1718, 2685 ar b vg^mss bo	P⁴⁶ 6 it^ar, b vg^mss cop^bo eth Jerome	2-13세기 동안 이명으로 복사되어옴. 필사자들이 이 이명(異名)의 주인이 여성이라고 인식해 온 점은 중요하다.
Ἰουνίαν 여성명	B² D² Ψ^vid L 33 1739 1881 M	txt B² D² Ψ^vid L 33 1739 1881 M	B² D² Ψ^vid 0150 33,81,104,256,263, 365,424,436,459, 1175,1241,1319 1573,1739,1852 1881,1912,1962 2127,2200 Byz[L],Lect Chrysostom TR WH AD TEV^mg REB^mg NRSV	4-14세기 동안 여성명으로 복사. 교부 크리소스톰은 명백하게 여성사도로 칭찬함. Textus Receptus(1633/1889), Westcott and Hort(1881), Apostoliki Diakonia(1988), Today's English Version(1971) 등의 6개 책들이 여성명을 지지한다.
accent 없이 대문자로 표기 IOYNIAN	א A B* C D* F G P pc	(א A B* C D* F G P)	(א A B* C D* F G D)	대문자 자체로서는 성별 구분 불능. ( ) 부호로써 본문과 상이점이 지시됨. 4-9세기 동안 성별 구분 없었던 사본은 א A C F G D. 그러나 B* D*이 6세기부터 9세기 동안 여성명으로 교정된 B² D²로 변이되고 Ψ^vid L 0150 나타남.

– 유니아의 성별을 추론케 하는 사본 종류와 그 연대표 –

종합적으로 보면, 2~14세기까지 여성으로 증거되고 있으며, 그 중에서 Chrysostom이라는 4세기에서 5세기 초까지 현존했던 헬라 교부가 분명하게 여성 사도라고 입증하고, 헬라 교부들이 여성으로 알고 있었다. 특별히 주목할 일은 UBS⁴ 편집위원회가 본문의 단어 확실성을 (A)로 결정한 것은 그 이름 ᾿Ιουνᾶν의 철자에만 적용하는 것이며, 남성 악센트에 적용하는 것이 아님을 반드시 이해해야만 한다고 제안한다는 점이다. 이것은 20세기에 내린 가장 최근의 결론이므로 중요하다.[51]

---

51) Bruce M. Metzger, A Textual Commentary on the Greek New Testament, 2 nd Edition. Deutsche Bibelgesellschaft. UBS, Stuttgart, p.475-476, 1994.

제4장 ἐπίσημοι ἐν τοῖς ἀποστόλοις 에 대한 논의

우리는 문법적, 역사적, 어형론적으로 롬 16:7의 유니아가 로마시대의 보통 여성명일 가능성을 확보해 보았다. 그럼에도 불구하고 왜 학자들은 'Ιουνιᾶν과 'Ιουνίαν으로 갈리어서, 서로 상충되는 견해를 13세기부터 시작하여 21세기인 현재까지 주장해오고 있는 것일까?

Foh는 "…만약 안드로니고와 유니아가 사도들이라면, 어떤 경우에도 두 사람은 공적인 의미의 사도들이었다는 것은 있음직하지 않다… 그들이 만약 사도들이라면 그들에 대한 우연한 한 번의 인사보다 더 많은 언급이 신약성경 안에 있어야만 한다. Hurley는 그들이 특별 임무를 위해(고후 8:23, 빌 2:25) 교회에 의해서 아마도 '보냄을 받기' 때문에 비전문적 의미로서의 사도들일 수 있다고 제안한다. 해석학적으로 볼 때, 신학적 논의에 의해서 지원받고 있는 상대적으로 분명한 명령(딤전 2:12-14)에 위배되는 여성 사도의 예로서 롬 16:7과 같은 짧고 불분명한 본문을 증거로 삼아 해석하며 내세우는 것은 부적절하다."[52]고 주장한다.

필자의 연구에 의하면, Foh의 견해는 유니아를 남성이라고 주장하는 대부분의 학자들의 견해를 대변하고 있다. 이 견해에서 가장 중요한 단

---

52) Susan T. Foh, Ibid., p.103.

어들은 두말할.. 필요도 없이 "ἐπίσημοι ἐν과 사도"이다. 그 사도의 뜻
과 범위의 한계, 또 다른 성경본문과의 상관성 등을 고려하면서 신학
적, 해석학적 견해를 집약해 놓음으로써 "ἐπίσημοι ἐν"의 뜻을 변질시
키고 있음을 본다. 이러한 견해들의 배후에는 여전히 학자들의 신학적
인 논의들이 맞서고 있음은 주지의 사실이다. 필자는 먼저 이 관계대명
사절에 나오는 단어와 구에 대한 문법적, 문자적 해석을 통해서 그 의
미들을 일단 살펴본 후에 학자들의 신학적 논의들을 다루어 보려고 한
다.

4.1. ἐπίσημοι의 사전적인 의미

4.1.1. 어원 및 사전적 의미

이 단어는 ἐπίσημος의 남성복수형으로서, 장소적 개념의 ἐπι(on,
upon, 위에)[53]와 '표적'이란 뜻인 σῆμα나 σημεῖον이 합해지는 어원을
가진다.[54]

헬라어-영어 사전에 의하면, 다음의 뜻을 가진 동의어와 파생어들을

---

53) Daniel B. Wallace, *The Basics of N.T. Syntax An Intermediate Greek
   Grammer* (Grand Rapids: Zondervan, 2000), pp.168-169.
54) K. H. Rengstorf, *Josephus Concordance*, quoted in *Theological
   Dictionary of the New Testament*, ed. by Gerhard Kittel, Gerhard
   Friedrich, Vol. 7 (Grand Rapids: Eerdmans, 1995), p.267.

설명하고 있다.55)

ἐπίσημα: 동전이나 방패 위에 붙이는 문장, 상형문자, 표, 기호, 특징,
　　　　　인쇄, 비명 기록, 도장 찍음, 감명을 줌
ἐπίσημον: 눈에 띄는 표, 문장, 휘장, 방패 위에 붙이는 휘장이나 선박
　　　　　위의 국기나 깃발
ἐπισαμαίνω: 표하다, 도장 찍다, 박수갈채하다, 찬동의 뜻을 표하다.
ἐπισήμανσις: 번개가 그 표를 남기는

또한 Theological Dictionary of New Testament에서 K. H. Rengstorf
에 의한 다음의 뜻 풀이는 우리의 이해를 돕고 있다.56)

ἐπίσημος는 구별되거나 탁월한 σῆμα나 σημεῖον, 즉 '표적, 특징, 표'
의 의미를 갖는다. 그 예는 진귀한 금속에 새기는 명각, 도장 찍는 것
등이다. ① 이 단어가 환자에게 쓰여질 때는 병의 증세가 눈에 띄게 진
행됐음을 뜻하고, ② 70인경에는 ἡμέρα ἐπίσημος로서 잔칫날(에스더
5:4)로 나타나고, Philo는 그 단어를 '뛰어난, 구별되는'으로, Josephus
는 'ἐπίσημοι ἡμέραι, 잔칫날들, 귀금속에 문장 새기는 것, 특중한 인물
의 구별된 탄생, 특별한 역사'라는 의미로 사용한다. ③ 신약성경에서
는 롬 16:7에서 유니아와 안드로니고를 "사도들 중에서 뛰어나다"라고
부른다. 그 표현은 두 사람이 "사도 집단 안에서 특출나다"이거나 "그
들 중에서 높이 존경받다"로 표현할 수 있으나, 전자가 더 적합한 것
같다. 만약 바울이 후자를 뜻했다면 그는 그 자신을 더욱 분명하게 표
현할 수 있었고, 표현했어야 했다. 이런 불분명한 형식으로부터 원시교

55) H. G. Liddell & R. Scott, *Greek English Lexicon,* 9th ed. (Oxford:
　　Clarendon Press, 1996), pp.655-656.
56) K.H. Rengstorf, Ibid, p.267-269.

회의 사도 지위에 대한 성격과 범위에 대해서 어떤 기초적인 추론들은 만들어지지 말아야 한다. 그 본문은 그 상황에 있어서 독립적인 비중을 갖고 있지 않다. 마 27:16에서 바라바는 δέσμιος ἐπίσημος, '악명 높은 죄수'로 불리운다. 여기에서 ἐπίσημος는 νοτοριους로 해석되었다.

4.1.2. 종합적인 해석

우리는 장소적 개념인 ἐπί와, 표적의 의미를 갖는 σῆμα나 σημεῖον이 합해지는 어원을 가진 ἐπίσημος는 '아주 뚜렷한 특성'을 부각시키는 데에 쓰임을 알았다. 따라서 본문에서 '아주 뚜렷한 모습' 그 자체로 그들이 표현되는 것이지, 한 단계를 지난 제 3집단에 의해서 인상을 받는 약화된 표현은 적절치 않다고 생각한다. 즉 "사도들의 눈에 유명하게 보였다"는 표현보다는 "그들 자신이 아주 뚜렷한 사도들의 모습임"이 보다 분명하고 적절한 표현이라 할 수 있다고 생각한다. 이것이 사전적 의미가 뒷받침되는 해석이라 사료되며, TDNT에서 Rengstorf는 본문을 직접 다루면서 해석하는데 바로 이 해석을 적극 지지함을 볼 수 있다.

4.2. ἐν의 용도

D. B. Wallace에 의하면 ἐν은 신약성경에서 '사역하는 말(馬)'이다. ἐν의 기본적인 용도는 단지 여격과만 함께 사용되는데, 공간적 개념의

in, among, 시간적 개념의 in, within, when, while, during, 가까운 인간관계에서 with, 원인적 개념의 because of, 기능적인 by, with, 참고문헌을 위해서는 with respect to, with reference to, 예식적 with, 소유된 물건과 함께 with, 또한 움직이는 동사들과 함께는 전치사 εἰς와 동등하게 쓰인다고 한다.57)

4.2.1. ἐπίσημοι ἐν

ἐν은 본문에서 여격 τοῖς ἀποστόλοις와 함께 공간/장소적 개념(in, among)으로 사용되는 일반적인 특징을 잘 나타내고 있는 반면에, 기능적인 개념인 by는 아니라고 본다. 따라서 ἐπίσημοι ἐν은 '～중에서, ～ 안에서 특출한'으로 해석되어야 한다. 이 점은 ἐπίσημοι ἐν τοῖς ἀποστόλοις 해석에서 상세하게 총괄적으로 다루기로 하자.

4.3. 사도 ἀπόστολος의 의미

신약성경에 사도라는 용어는 79회 나오며, 바울서신에 29회, 누가행전에 34회로서 바울과 누가에 의해서 80% 사용되고 있다.58) (그러나 DPHL에는 전체 80회 중에 바울서신에 35회 나오는 것으로 기록되어

---

57) Daniel B. Wallace, Ibid., p.167.
58) Gerhard Kittel and Gerhard Friedrich, *TDNT*, Vol.1, pp.420-421.

있음). 아무튼 이 숫자가 보여주는 것은 초기 기독교 운동 기간 중에 이 단어가 매우 중요했음이 틀림없다는 것을 증거하고 있다고 말할 수 있다.

명사 ἀπόστολος는 최초에 신약성경에서 광범위한 뜻과 함께 발견되는 동사 ἀποστέλλω로부터 파생된 부속어이다. 주로 옛날에 군인들을 배치하거나 군함을 보낼 때 사용하던 단어이다.

이 기술적인 단어의 뜻은 아람어 שליחא, 히브리어 שליח와 뜻이 같은데(에스라 7:14, 단 5:24), 일반적인 의미로는 서신을 전달하는 사람이나 칙사의 뜻으로서, 헬라어 문학과 유대 랍비문학에서 나타난다.[59]

그 기본 개념은 사자나 특사를 보낸다는 개념으로서 ἄγγελος(사신, 사절, 눅 7:24, 9:52)나 κῆρυξ(전령, 선구자, 전도자, 딤전 2:7, 딤후 1:11, 막 1:45, 고후 5:20)와 같다. 신약성경에서는 '보내는 행위'나 '보내는 물건'을 의미하지 않고, 언제나 '완전한 권위를 갖고 보내지는 사람, 즉 보냄 받은 사람'을 의미한다.[60]

4.3.1. 사도의 정의

4.3.1.1. Origen의 정의[61]

"어떤 사람에 의해서 보냄을 받은 사람은 누구나 그를 보낸 사람의 사도이다"라는 개념 정의는 법적이며 행정적 국면들을 포함하며, 대표자, 대리자, 칙사, 전권대사 등의 모든 양식에 기본이 된다. 기독교 영

---

59) Hans Dieter Betz, Apostles, ed. by David Noel Freedman in ABD, Vol. 1, pp.309-311.
60) Ibid., p. 309. ; P.W. Barnett, 'Apostle' in Dictionary of Paul and His Letters, p.46. Inter Varsity Press. 1993. Leicester. U.K.
61) Hans D. Betz, Ibid. p. 309.

역에서 '사도'라는 용어는 '하나님에 의해 혹은 그리스도에 의해 보냄받은 인간 혹은 신성한 사자'라고 해석할 수 있다. 이 해석은 요 13:16 말씀에 기초된 정의이다. "내가 진실로 진실로 너희에게 이르노니 종이 상전보다 크지 못하고 보냄을 받은 자가 보낸 자보다 크지 못하니".

여기에서 ἀπόστολος와 שָׁלִיחַ 사이에는 완전한 동일성이 있는데, 사도란 단순히 그 사람을 대변하기 위한 법적인 책임을 가진 사람이라는 법적 용어이다. 이 의미는 두 쌍의 δοῦλος/κύριος와 ἀπόστολος/πεμφας를 나란히 놓음으로써 확인된다.

4.3.1.2. 누가의 정의[62]

사도란 "요한의 세례로부터 우리 가운데서 올리워가신 날까지 주 예수께서 우리 가운데 출입하실 때에 항상 우리와 함께 다니던 사람 중에 하나를 세워 우리로 더불어 예수의 부활하심을 증거할 사람"이어야 한다(행 1:21-22에 주어진 정의). 누가는 예수님의 지상 생애 중의 12제자들과 사도들을 동일시하면서 12사도의 개념을 만드는데, 누가의 사도 개념은 그 숫자를 12사도로 제한하며, 바울의 사도 직함을 부정한다(누가 전의 자료에 따라서 바나바와 사울을 사도라고 불렀던 행 14:4, 14는 제외). 누가에게 있어서 12사도는 예루살렘 교회의 지도자들이다(행 4:35-37, 5:2, 27-32; 6:6; 8:1, 14, 18; 9:27; 11:1, 15:1-6, 22-23; 16:4[행전에서 가장 마지막으로 사도들이 언급된 곳]). 따라서 누가는 선교사들을 사도들이라고 부르지 않는다.

4.3.1.3. 바울의 정의[63]

---

62) Ibid. p. 310.
63) Hans Dieter Betz, Apostle: in *Anchor Bible Dictionary*, Vol. 1, p. 310-311.

누가의 정의에 의하면 바울은 사도가 아니다. 그렇기 때문에 바울이 게바와 12사도와 함께 자기 자신을 사도라고 불렀을 때 많은 저항에 부딪혔는데, 이때 무엇이 사도직을 구성하는 요소가 되는지에 대해서 맹렬한 논쟁을 야기시켰다. 이러한 논쟁들은 사도 직함과 임무에 대한 바울 자신의 해석이 오히려 다른 신학적 전제들을 근거로 하여 완전히 새로운 해석을 내렸다는 사실을 반영한다.

첫째로, 그는 바울 이전의 교회가 주장했던 근본적인 가정들에 대해서 질문한다. 즉, 그는 역사적인 예수 그리스도를 개인적, 인격적으로 안다는 사실이 유효한 평가 기준이 된다는(고후 5:16) 사상을 거부했다. 실제로 복음서들은 예수님의 지상 생애 중에 그를 알았던 사람들(예수님의 제자들과 가족들)이 부활 후에서야 그의 말씀을 이해하고 주님께 왔다는 사실을 지적하는데, 이 점은 바울의 사도 개념 재해석을 뒷받침하는 부분이다.

둘째로, 만약 부활을 증언하는 것이 그 평가 기준이 된다면 바울은 사도의 자격을 갖는다. 왜냐하면 그 역시 부활하신 주님의 환상을 보았기 때문이다(갈 1:6, 고전 9:1-5, 15:1-10).

셋째로, 만약 교회들을 창립한 것이 그 평가 기준이라면, 바울은 이 임무에 있어서 어느 누구보다도 더 많은 일을 했다(고전 15:10). 그의 선교를 뒤돌아보면서 그는 "이방인의 사도"라고 자신을 호칭한다(롬 11:13, 1:5-7,13-15).

넷째로, 부름받음이 그 평가 기준일 때, 바울은 그리스도께서 그에게 나타나셔서 이방인에게 복음을 전파하라고 그를 부르셨을 때(갈 1:15-16), 그가 구속사에서 특별한 역할을 위임받았다는 뜻으로 이 부르심을 받아들였다. 롬1:1, 고전1:1에서 바울은 "부름받은 사도, κλητός ἀπόστολος"라고 주장하는데, 이 부분은 이전의 예수님의 제자들과 유비를 이룬다(막1:16-20, 6:7, 마10:1).

인간 권위에 의해 지명된 것이 아니라(갈1:1,12) 부활하신 그리스도에 의해서, 그는 땅 위에서의 그리스도의 인간적 대리인(사도)으로 자신을 간주하게 되었다. 이 사실은 바울의 영육간의 전체적인 존재가 십자가에 못박히시고 부활하신 구세주의 현현으로서 이해되어졌음을 암시했다(갈 6:14,17, 고후 2:14-5:21, 6:4-10, 12:7-10, 13:3-4, 빌 3:10). 그의 선교운동은 주님의 재림 전에 있어야 할 결정적인 단계로 간주되었고, 그 선교운동을 통해서 복음은 예루살렘에서 일루리곤까지 아주 멀리 편만하게 전파되었다(롬 15:19). 이 선교가 완성될 때, 이 선교는 '이방인을 제물로 드리는 것'으로 간주될 것이며, 그 제사에서 그는 복음의 제사장 직무를 다한 것이 될 것이며(롬 15:16), 최후의 심판 때에 바울은 흠이 없고 순결한 이방인 교회들을 그리스도께 선물할 것을 기대했다(살전 2:10-12, 5:23; 고전 1:8, 고후 1:14, 11:2, 빌 2:15; 골 1:22; 엡 5:27).

바울의 사도직에 대한 개념은 누가행전에 모범으로 나와 있는 보통의 평가 기준에 맞지 않는 반면, 신약성경에 반영되어 있는 이러한 평가 기준들을 효과적으로 변화시켰다. 이 재해석 안에서 다른 설득력/영향들은 움직이기 시작한다. 바울은 그의 논쟁들과 고군분투를 통해서, 또한 그 자신의 고통과 죽음을 통해서(골 1:24) 후기 신약시대에 적용, 이해되는 것으로 결정짓는 급진적인 새로운 방법으로 사도직 개념을 규명하였다.

4.3.2. 사도의 직무와 역할

사도에 대한 누가와 바울의 정의를 근거로 볼 때, '사도의 직무란 부활하신 주님에 대한 사도적 증언'이라는 부분은 공통되는 동일한 내용인 반면, 12사도의 역할에는 다른 사도들이 취할 수 없는 특수성이 있다. 먼저 12사도의 역할을 참고로 정리한 후에 우리의 논의와 직접적인 연관성이 있는, 바울서신에 나오는 사도들에 관한 학자들의 견해를 분석하고자 한다.

복음서 저자들, 특히 누가는 앞서 언급한 대로 일반적으로 '사도들'이란 12사도만으로 제한하고 그들을 이스라엘의 새 지도자들로 강조한다. 12사도들은 예수님의 사역과 교회를 연결하는 과도기적인 인물들이다. 적어도 12사도와 관련했을 때의 '사도들'의 의미는 '선교사들'보다 훨씬 더 권위를 부여받은 대표자들이다.

4.3.2.1. 유대인들에게 예수님의 부활 증인 역할을 함 - 사도적 증언[64]

새 지도자들인 12사도들은 예수님의 전권대사들로서 유대인들에게 예수님의 증인의 역할을 한다. 예수님 부활 전후의 예수님에 대한 직접적인 그들의 지식은 그들로 하여금 예수님에 대한 사건들을 확인하고, 보장하고, 바로 해석할 수 있도록 한다. 그들의 역할은 예수님의 부활에 대한 사도적 증언의 기능이다. 그들의 선포와 가르침은 예수님의 지상 생애 중의 사역, 죽음, 부활에 대한 목격자로서의 역할이며, 그들의 역할은 교회의 지속적인 믿음과 생명을 위한 기본적인 터를 마련하는 것이다.

---

64) Andrew C. Clark, The Role of the Apostles in *Witness to the Gospel*, ed. I. Howard Marshall & David Peterson, pp.109-190.

4.3.2.2. 회복된 이스라엘과 심판자 기능 상징[65]

'그 열두 사도'라는 개념으로서 '회복된 이스라엘'이라는 주제와 연관시키려고 시도한다. Giles의 말을 인용하면 "누가에게 있어서 12는 그리스도 안에서 하나님께서 이스라엘이 마땅히 되어야 할 그러한 상태로 회복시키고 계심을 상징한다 … 그러므로 12라는 숫자는 과거와 관계를 끊는 것이 아니라, 과거와의 계속성을 상징한다." 그들의 공동적 증언은 또한 종말의 때를 시사한다. 즉 그들의 역할은 교회들로 하여금 두 가지 기능들, 즉 예수님의 부활에 대한 사도적 증언과 하나님 나라의 도래시에 심판자들로서의 기능 사이에 존재하게 한다.

4.3.2.3. 12사도 구성의 단회성 및 그 상징 기능의 계속성[66]

누가에 의하면 사도행전에서 사도라는 단어는 12사도를 의미한다(맛디아로 충원하기 전엔 11명, 바울과 바나바는 제외). 부활 후에 그리스도께서는 11명에게 위임령을 내리셨고, 승천하신 후에 가룟 유다 대신에 맛디아가 더해져서 다시 12가 되었다(행 1:15-22). 따라서 12사도라는 말은 새로 구성된 집단에 쓰인다(행 1:26, 2:37,42; 4:33, 35-37; 5:2,12,18,29,40; 6:6; 8:1,4; 9:27; 11:1). 12라는 숫자로 새로 채워져 완성되는 일의 중요성은 이스라엘 12지파를 심판할 보좌에 12사도들이 앉을 것이란 예수님의 말씀에 비추어 이해하는 것이 최선의 방법이다(눅 22:30). Rengstorf는 "12사도 집단으로의 재구성은 역사적인 예수님처럼 부활하신 주님은 그의 나라 안에 이스라엘 12지파들을 가입시키기 위한 그의 주장을 포기하지 않았음을 증명한다"고 말한다.

이러한 언급들에 비추어 볼 때, 12사도의 심판자 상징 기능은 계속될

---

65) Ibid., pp.109, 190.
66) C. G. Kruse, Apostle, in *the Dictionary of the Later New Testament and Its Developments*, ed. by Ralph Martin and Peter H. Davids, pp.76-80.

84

것이다. 그럼에도 불구하고 재구성된 인간 12사도들의 죽음 뒤에는 충원이 없었다는 사실을 눈여겨보아야 한다. 12사도들은 그리스도의 부활의 근본적인 증거를 마련했고, 사마리아와 이방 선교를 합법화시켰는데(행 8:14, 11:1-18), 이러한 목적들을 완성해가면서 그들은 사도행전의 시야에서 점점 희미해져간다. 사도 야고보가 헤롯에 의해서 처형되었을 때(행 12:1-2), 다른 사람으로 그 자리를 채워서 12로 재구성하려는 시도가 없었던 점은 주목할 만한 일이다. 맛디아로 배반자 가룟 유다의 한 자리를 충원하여 12로 만든 것과는 다른 원리가 적용된다고 하겠다. 하나의 집단으로서의 12사도들이 시야에서 희미해져갈 때, 사도행전에서 주목하는 초점은 베드로, 주님의 형제 야고보(12제자 중의 야고보와 다름)와 대부분 바울의 사역들로 이동된다. 따라서 12사도 구성은 단회적으로 끝나지만, 그들의 두 기능 중 사도적 증언의 기능 완수로 인해 마련된 교회의 기본 터 위에서 교회가 예수님의 증인 역할을 계승해오고 있다고 할 수 있고, 다른 한 기능인 심판자 상징 기능은 계승자 필요 없이 12사도의 그 기능이 새 하늘과 새 땅이 도래할 때까지 계속 존속하게 될 것이다.

4.3.3. 바울서신에 나오는 사도들의 역할

바울은 자신을 "만삭되지 못하여 난 자"로 간주하면서도, 다른 사도들과 같은 사도로 간주한다(고전 15:7,9; 고후 12:11-12; 갈1:17,19).[67] 또한 바울은 12사도들과 구별하면서 야고보(주님의 형제), 바나바, 실라, 안드로니고, 유니아가 주님이 현현하셨던 500여 형제 중이나 "모든

---

67) James Hurley, Ibid, p.185.

사도들" 중에 있었을 것이라고 말하고(고전15:5-7), 바울의 1차 선교여행에서 회심한 디모데도 사도라고 부르며(살전2:6)[68] 디도와 다른 한 사람(고후 8:16-24), 그리고 에바브로디도(빌2:25)를 사도라고 부른다.[69]

바울은 그의 서신서에서 이처럼 사도의 개념을 상당히 광범위하게 활용하고 있음을 알 수 있다. 우리가 Foh의 발언을 발췌한 내용에서도 볼 수 있듯이 학자들은 바울의 사도 개념을 몇 가지로 구분하고 있는데, P. W. Barnett은 비전문적인 사도들과 전문적인 사도들로 구분한다. Barnett에 의하면, '비전문적인 사도'란 직접적으로 종교적인 것에 관련하지 아니하고 교회나 바울사도의 실생활 필요를 충당하기 위한 재정적 선교를 위해서 교회에 의해 보냄 받은 사도들을 의미하며, 디도와 에바브로디도를 그 대표적인 예로 들고 있다.[70] 또, '전문적인 사도'란 그리스도에 의해서 보냄받은 사도들로서 그들의 역할은 사도적 증언이다. 12사도들과 바울, 바나바, 야고보가 의문의 여지 없이 이 집단에 속한다.

그 밖의 다른 사도들은 어느 집단에 속하는지 정확하게 구분할 수가 없다. 그 한 예로서, 우리의 논의의 대상인 안드로니고와 유니아에 대해 Barnett은 전문적인 사도에 포함시키고[71] James D.G. Dunn도 그들을 부활하신 그리스도에게서 임명된 전문적인 사도라고 주장하는데, 그 주장의 이유를 '그 사도들'은 고후 8:23이나 빌 2:25에 나오는 사도들과는 다르며, 오히려 고전 15:7의 그 사도들과 연결시킴으로써 추론해

68) Belleville, Linda L., Women Leaders and the Church p.54 , Bakers Book House, Grand Rapids, Michigan. 2000.
69) Susan T. Foh, Ibid. p.103.
70) P.W. Barnett, 'Apostle' in D.P.H.L, ed. by Gerald Hawthorne, Ralph Martin, Daniel Reid, Inter Varsity Press, Leicester, England. p.47, 1993.
71) P.W.Barnett, Ibid, p.48.

낸다. 주님의 부활 후 승천 때까지의 제한된 기간 중에 주님에 의해 직접적으로 지명된 제한된 사도 집단에 그들이 속했고(고전 15:7) 바울도 그 제한된 사도 집단이 닫히기 전에 그곳에 들어가게 하기 위해서 만삭되지 않은 상태에서 특수하게 지명받아 사도로 부름받게 되었다고 주석한다(고전 15:8)[72]. 또한 Ray Schulz에 의하면, Origen은 안드로니고와 유니아가 눅 10장에서 예수님에 의해 보냄 받은 72인(70인) 중에 있었다는 관점을 갖고 있으며, 후대의 교부들이 그 관점을 자주 반복해서 사용했다고 한다.[73] 이 언급은 Origen이 그들을 전문적인 사도로 보고 있다는 뜻으로 풀이된다.

한편, Hurley는 그들이 교회에 의해 선교사로 파송받았으며 적어도 한동안은 바울을 보조하는 소임을 훌륭히 해낸 비전문적인 사도로 구분한다.[74] Foh도 이같은 견해를 지지했다.[75]

이와 같이 학자들이 본문의 정황을 보는 관점에 따라서 안드로니고와 유니아가 비전문적 사도 혹은 전문적 사도로 분류된다. 따라서, 롬 16:7 본문은 그들이 바울의 친척들로서 바울보다 먼저 기독교인이 되었고 동료 감옥수로서, 그 사도들 중에서 훌륭한 사도들이라는 정보밖에 없기 때문에 그들이 두 직무 중 어느 역할을 훌륭히 해냈기 때문에 사도바울로부터 칭찬을 받았는지 필자로서는 규명이 불가능하며 심층적 연구가 필요한 부분으로 남겨두고자 한다.

---

72) James, D.G. Dunn, Ibid, p. 894-895
73) Ray Schulz, Ibid, p. 109.
74) James Hurley, Ibid, p. 186.
75) Susan T. Foh, Ibid, p. 103.

4.4. ἐπίσημοι ἐν τοῖς ἀποστόλοις

이 구절은 롬 16:7 본문 중에서 해석적으로 학자들의 견해가 가장 분분한 부분이다. 앞 부분에 있는 안드로니고와 유니아를 수식하는 구절로서, "그들이 사도들에게 유명히 여김을 받는"으로도 해석되고, "사도들 중에서 유명한 사도들"로도 해석된다고 학자들은 각각 주장한다.

그런데 문제가 되는 것은, 문법적, 언어학적 해석이 1단계로 완성되고 난 다음에 2단계에서 학자들의 신학적 논의가 개입되면서, 올바르게 했던 문법적 해석이 변질을 일으키게 되고 관심 있게 본문을 읽는 독자들은 혼란을 겪게 된다. 해석의 2단계에 투입되는 학자들의 신학적 논의의 중심이 되는 것이 바로 앞에서 수식되었던 유니아의 성별과 수식 구절 속의 '사도'라는 단어의 정의이다. 두 단어들의 상관성이 학자들의 해석에 때로는 정반대 성별로 영향을 미친다.

Foh의 견해가 그것을 상당히 잘 함축하여 나타내고 있다. "사도들 중에서 유명한 사도들"로 문법적 해석을 끝내고 나면, 유니아는 딤전 2:12-14의 2단계 적용을 받아서, "유니아가 사도이므로, 유니아는 남성이다"라는 두 번째 해석이 이루어진다. 또한 문법적으로나 언어학적, 역사적 증거를 염두에 두는 일부 학자들은 위의 두 번째 해석과는 질적으로 약화된 해석, 즉 "유니아는 여성이고 사도이긴 하지만, 이때 사도의 의미는 비전문적인 것이다"라든지, 다른 일부는 "유니아의 성별에 상관치 않고, 사도들에게 유명히 여김을 받는 사람들"로 해석한다.

또 다른 학자들은 "안드로니고와 유니아는 사도들 중에서 유명한 사도들이고, 그들은 또한 사도들로부터 존경을 받는 사람들이다"로 해석하면서 동시에 "유니아는 여성임"을 강조한다. 이제 문법적 해석부터 시도해 보자.

4.4.1. "사도들에게/사도들에 의해서 유명히 여김을 받는 사람들"이 라는 해석

우리가 바로 앞에서 살펴본 대로 ἐν τοῖς ἀποστόλοις를 분석해 보면, 전치사 ἐν의 기본적인 용도는 단지 여격과 함께 공간적 개념의 '…안에 서, 중에서'로 쓰인다. ἐν + 여격 정관사 + 여격 명사인 τοῖς ἀποστόλοις 는 "그 사도들 안에서, 혹은 그 사도들 중에서"와 같이 공간적인 개념으 로 쓰이고 있음을 알 수 있다.76) 또한 우리가 본문을 "사도들에게/사도 들에 의해서 유명히 여김을 받는 사람들"이라고 해석할 때 ἐν은 기능적 인 개념의 전치사로 쓰인다. 즉 사도들이 '유명하게 여겨주는' 기능을 수 행하는 역할을 한다. 따라서 두 가지 해석이 가능하다는 결론이 나오는 것이 사실이지만, ἐν의 대부분의 용도는 공간적 개념에서 더욱 두드러진 다고 학자들은 말한다. 그렇다면 ἐν을 기능적 개념으로 해석할 때는 본 문의 내용이 변화 내지는 변질된다고 할 수 있다.

4.4.2. "사도들 중에서 유명한 사도들"이라는 해석

이 해석을 위해서 또 한 번 Cervin의 주장을 들어보자.

"οἵτινές εἰσιν ἐπίσημοι ἐν τοῖς ἀποστόλοις에 대해서 이 절이 모호하다고 가끔 주장되어 왔다. 이 구절은 총괄적인 것, 즉 안드 로니고와 유니아 두 사람 다 사도들임을 내포하면서 '사도들 중

---

76) 이순환, Ibid., p.29.34.121; D. B. Wallace, Ibid., p.167.

'에서 유명하다'는 것을 의미할 수도 있고, 혹은 이 구절은 배타적인 것, 즉 안드로니고와 유니아는 두 사람 다 사도가 아닌 것을 내포하면서 '사도들에 의해 유명히 여김을 받았다'는 것으로 풀이할 수도 있다.

헬라어 문법의 관점으로 볼 때, 전자가 훨씬 더 정확하다. '사도들에 의해서'라는 구절은 타동사의 행위자를 표현한다(여기서는 형용사의 행위자). 그러나 헬라어 문법에서 타동사의 '그 행위자'는 '전치사 ὑπό + 소유격' 형식으로 규칙적으로 나타나지만, '전치사 ἐν + 비인칭 수단과 방법을 나타내는데 쓰이는 여격'으로 나타나지 않는다(단순여격은 완료수동태로서만이, 그리고 다른 관용구나 숙어로서만이 인칭 행위자를 나타내는 데에 쓴다).

'사도들에 의해서'라는 해석은, 바울이 οἵτινές εἰσιν ἐπίσημοι ὑπό τῶν ἀποστόλων이라고 편지를 썼을 때는 정확한 해석이 된다. 그러나 그는 그렇게 쓰지 않았다. 그는 οἵτινές εἰσιν ἐπίσημοι ἐν τοῖς ἀποστόλοις라고 썼는데, 그것은 '사도들 중에서 뛰어난' 만을 의미할 수 있을 뿐이다. 이 구절에 대한 그러한 이해는 Vulgate역에 의해서 확인된다: qui sunt nobiles in apostolis ("그들은 사도들 중에서[among이지 by가 아님] 유명한 자들")[77]

모호했던 부분을 문법적인 예를 들어서 설명해주는 Cervin의 연구는 우리의 이해에 크게 도움이 된다. 기능적인 용도의 ἐν을 선택하여 "사도들에 의해서"로 해석하는 학자들의 견해를 정확히 대치시킨 "ὑπό τῶν ἀποστόλων" 구절의 사용이 특히 두드러지게 도움이 되는 부분이다. Cervin의 해석은 TDNT의 Rengstorf의 해석과도 일치한다는 점 역

77) Richard S. Cervin, Ibid., p.470.

시 본문을 주저하지 않고 "그들은 사도들 중에서 유명한 사도들"로 해석할 수 있게 해준다.

4.5. 결론

우리는 이때까지 본문에서 가장 중요한 위치를 차지하고 있는 관계대명사절인 οἵτινές εἰσιν ἐπίσημοι ἐν τοῖς ἀποστόλοις를 단어와 단어, 구와 구로 쪼개어서 사전적, 문법적인 특징들과 원칙들을 찾아보았다. 또한 짧지만 Vulgate역에 의존한 간단한 사본학적 증거도 확보해 보았다. 그 결과 "그들은 그 사도들 중에서 유명한/특출난 사도들입니다"로 해석하는 것이 "그들은 그 사도들에 의해서 유명히 여김을 받습니다"로 해석하는 것보다 정확하다고 결론을 내릴 수가 있게 되었다.

제5장 결 론

우리는 4장까지 문법적, 역사적, 사본학적, 해석학적 방법들을 총동원하여 고찰한 결과, 본문 속의 유니아는 여성이고 안드로니고와 유니아는 사도들 중에서 유명한 사도들임을 규명해 보았다.

문법적 고찰에서, 특히 혼합된 성 집합일 경우에는 '총칭적인 성, generic gender'을 나타내는 유일한 방법으로서 모든 명사와 형용사는 남성복수 형태를 띄기 때문에, 표면적으로 보여지는 남성 형태 때문에 두 사람을 남성으로 단정짓는 것은 불완전한 문법 이해임을 규명했다. 또한 축약형 Iunias의 증거를 위해 제시된 남성어미 -as를 가지고 있는 신약성경 안의 이름들이 모두가 헬라명이나 히브리명(아람명)으로서, 논의되고 있는 Iunias/Iunianus의 본명/축약형의 상호관계와는 전혀 상관이 없는 것임도 규명해 보았다. 어형론 및 언어 사용 습관 문화 고찰을 통해서도 유니아는 분명한 여성명이며, 축약형 남성명 Iunias는 극히 희귀한 경우로서, 실제로 존재할 수 없음을 규명해 보았다.

역사적 고찰을 통해서도, 여성명 유니아는 250회 발견된 데에 비해서 남성명은 단 1회 발견되었음에도 불구하고 남성명이라고 주장함도 살펴보았다.

P^{46}을 통한 사본학적 고찰을 통해서도, 6세기에 대문자 사본인 교정된 바티칸 사본(B^2)에 아큐트 악센트를 찍기 전까지, 대문자 사본으로서는 남/여 성 구분이 불가능했지만, IOYNIAN의 철자를 확인하는 기능을 담당해 주었고, 교부들은 모두가 유니아를 여성으로 보았고, 특히

4-5세기의 Chrysostom은 여성 사도로서 그녀를 칭찬했다는 기록이 분명히 있음을 규명했다. 그리고 6세기에 교정된 바티칸 사본도 여성명을 위한 아큐트 악센트를 찍었을 뿐이고, 9세기에 첫 소문자 사본이 나오기 시작했으나 남성으로 대체하려는 시도는 없었으며, 13세기까지는 여성명이라는 데에 이의가 없음도 규명했다. 그 후에 13세기부터 남성형 변형이 수면 위에 떠오르기 시작했는데, 이것도 Migne가 Origen의 주석에 나와 있는 Iunias(형태만 희귀한 Iunias이나 내용은 Iunia였음)를 읽은 것에 잘못 의존하였기 때문임도 살펴보았다.

해석학적 고찰을 통해서, 본문 해석에 가장 중요한 영향을 미치는 ἐπίσημοι ἐν의 뜻 규명과 사도의 정의, 구분 및 역할도 규명했다. 그 결과 정확무오한 하나님의 말씀인 롬 16:7은 모든 것이 자명하게, 유니아는 여성이고 안드로니고와 유니아는 사도들임을 입증한다고 추론해 보았다. 그런데, 이런 안드로니고와 유니아에 대한 신학적 논의를 위해서 Foh는 "롬 16:7의 유니아가 사도인지, 또한 남성인지 … 상당한 논쟁이 여전히 있다 … 해석학적으로 볼 때 신학적 논의에 의해서 지원받고 있는 상대적으로 분명한 명령(딤전 2:12-14)에 위배되는 여성 사도의 예로서 롬 16:7과 같은 짧고 불분명한 본문을 증거로 삼아 해석하며 내세우는 것은 부적절하다."고 해석학적 문제를 제기한다.

필자는 롬 16:7에서 중점적으로 거론되는 내용은 복음 전파를 위해서 투옥 당하기까지 한 '여성 사도'인데 반하여, 딤전 2:12-14 본문 내용은 아데미 여신 신봉이나 초기 영지주의 등의 거짓 가르침의 영향을 받아 에베소 교회 남자들에게 분노를 유발시키는 부적절한 태도의 여성들에 대한 문제를 나타내고 있으므로[78] '로마교회 여성 사도'에 대한 뒷받침이나 혹은 반대의 근거를 찾기 위해서, 그 가르침의 내용과 행위

---

78) Belleville, Ibid. p.177-178

가 본질적으로 연관도 되지 않는 '에베소교회의 부적절한 태도의 여성'과 비교하여 그 해석을 논하는 것은 또 한 번 논의의 형평성에 어긋난다고 말하고 싶다. 정확무오한 하나님의 말씀들은 "창조와 타락에서부터 위대한 구속 역사적 사건을 통해 새 하늘과 새 땅에서의 완성에 이르는 이야기 줄거리를 따라가다 보면, 실제로 성경의 기록들은 서로 맞아들어가는 조화를 이룬다"[79]는 데에 만약 동의하는 해석자라면 다른 각도로 해석을 시도하여 말씀의 진수를 찾아내야 한다.

정확무오한 하나님의 말씀은 독립된 절, 문단, 책으로서 가장 조화된 말씀이라고 믿는다면 롬 16:7은 그 자체로 정확무오하게 하나님의 뜻을 그 상황에서 독립적으로 드러낸다. 마찬가지로 딤전 2:12-14도 그 자체로 정확무오하면서 하나님의 뜻을 그 상황에서 드러낸다.

그렇다면 롬 16:7과 딤전 2:12-14는 상호간에 충돌을 일으킬 원인이 없는 것인데, 다른 목적으로 된 하나님의 말씀을 연관시켜, 다른 본문 해석에 부정적인 영향을 미치는 것은 바람직하지 않다. 그 발상의 배후가 되는 신학적 논의가 무엇이든지, 충돌을 일으키는 것은 전적으로 인간해석자들의 불완전한 해석의 초기단계에서 빚어지는 것일 뿐이다.

그리고 박윤선이 제시하는 "성경의 자증과 성령의 내증"이 함축하는 진정한 뜻을 다시 한번 심각하게 따져 보아야 한다고 생각하는데, 그 증거의 범위를 정해두는 작업이 필요하다. 자증과 내증을 통한 연구의 목적은 말씀과 말씀 사이의 조화를 향하는 것이어야 하며, 한 본문에 대한 미완성의 해석을 잣대로 하여 다른 본문과 충돌을 일으키는 것이 목적이 되어서는 안된다고 생각한다. 성경은 성령과 인간저자의 동류적

---

79) D. A. Carson, *Exegetical Fallacies*, 박대영 역 (서울: 성서유니온선교회, 1996), pp.174.

작용을 통해서 만들어진 정확무오한 하나님의 말씀임과(Warfield) 그 말씀의 기록들은 서로 맞아들어간다(Carson)는 사실과 원칙을 기억해야 할 것이다.

우리는 본 논문을 통해 헬라어 문법, 사본학, 고증학, 해석학의 원리들을 적용하여 롬 16:7의 해석의 역사를 알아보았다. 성경은 성령의 감동으로 된 정확무오한 하나님의 말씀이므로, 진실하게 이해하고 분명하게 설명하기 위해 좌로나 우로나 치우침이 없이 그 어떤 수고도 아끼지 않아야 한다. 그 전에는 상충되었다고 결론 내렸던 말씀일지라도, 그 수고의 결과로 말씀과 말씀 사이의 조화를 발견하였다면 시정해야 한다. 올바른 성경 해석의 역사는 여기에서 출발한다. 우리의 "Sola Scriptura, 오직 성경으로"의 개혁은 중단 없이 계속되어야 한다. 왜냐하면 우리는 아직 초대교회로의 개혁(Re-form)을 완수해가는 과정에 있기 때문이다. 성경 해석상의 문제들을 그대로 방치하는 것은 개혁주의자를 자처하는 우리의 자세가 될 수 없다. 우리 총회 헌법에 나타난 신조는 "1. 신구약 성경은 하나님의 말씀이니 신앙과 본분에 대하여 정확무오한 유일의 법칙이다"로 명기되어 있다.[80] 신앙과 본분의 유일한 법칙인 성경의 해석에 부분적으로 미흡함이 있다면 반드시 바로잡아야 한다.

"Accent 하나이다! 한 문장이다!"

필자는 감히 제언하고자 한다. 미래의 Nestle-Aland 28판은 ’Ιουνιᾶν 에서 ’Ιουνίαν으로 교정되어 출판되기를 소망한다. 미래의 Nestle-Aland

---

80) 대한예수교 장로회 총회 헌법 (서울: 대한예수교장로회 총회 출판국, 1996), p.19.

Greek English 9판의 영역은 Junias에서 Junia로 교정되어 출판되기를 소망한다. 미래의 UBS 5판은 미래의 NA 28판을 따라서 'Ιουνιᾶν에서 'Ιουνίαν으로 교정되어 출판되기를 소망한다. 미래의 대한성서공회 한글 성경은, 유니아의 성별 구분이 한글 표기상 전과 동일하게 보일지라도 각주 난에 그 성별을 여성으로 언급하고, "사도들에게 유명히 여김을 받고"로 해석된 본문을 "사도들 중에서 유명한 사도들"이라고 바로 해석하고 성경 본문의 의미를 명확하게 드러내어 출판되기를 소망한다.

롬 16:7 본문은 "나의 친척이며 나와 함께 감옥에 갇혔던 안드로니고와 유니아에게 문안하여 주십시오. 그들은 사도들 중에서 뛰어난 사도들입니다. 또한 나보다 먼저 그리스도를 믿은 사람들입니다."로 해석되어야 하고 유니아는 여자명이라고 주석되어야 한다.

Abstract

Young Ja Hwang

Dept. Theology

Graduate School

Chongshin University

There has been some disagreement among biblical scholars as to the gender of the name Junia(s) in Romans 16,7. Some claim that the name is masculine, while others claim that it is feminine.

And regarding the phrase οἵτινές εἰσιν ἐπίσημοι ἐν τοῖς ἀποστόλοις, it is often claimed that this clause is ambiguous.

So the purpose of this paper is to examine the evidence regarding the gender of the name Junia(s) and also is to clarify the translation of the forementioned clause properly from the perspective of Greek grammar.

Examinations of the Evidences

Accentuation

Since this name is necessarily in the accusative case in Romans

16, the accent is theoretically the only and sole determiner of gender in Greek, because the masculine accusative ending of Ἰουνᾶς is the same as the feminine accusative ending of Ἰουνία'.

The contracted masculine form would have a circumflex(Ἰουνᾶν) and the feminine form would have an acute accent(Ἰουνίαν) respectively.

Ancient uncial manuscripts(P[46] ℵ A B C D F G P) typically did not contain accents. So the Greek technically can go either way. However, from the time accents were added to the text until the early decades of 20th century, Greek New Testaments printed the acute accent(feminine) and not the circumflex(masculine).

Grammatical Attestation

Some commentators argue that the masculine Iunias is to be preferred in the text because the substantives τοὺς συγγενεῖς μου καὶ συναιχμαλώτους, and adjective ἐπίσημοι, as well as the relative pronouns οἵτινές, οἱ are all masculine.

The fallacy in this line of reasoning rests upon a misunderstanding of the nature and use of grammatical gender in Greek.

Here, the substantives, adjective and relative pronouns are two-term adjectives and generic gender, which is a group of mixed gender. The fact that the masculine plural is used by Paul in this verse proves nothing because he had no other gender to choose from in this context.

It is important that generic gender requires the masculine plural form in general Greek Grammar as well in Hebrew, in Latin, and in other languages.

Historical evidence

The masculine name Junias(contracted) simply does not occur in any inscription, on any tombstone, in any letterhead or letter, or in any literary work contemporary with Paul's writings. Indeed, the nickname does not appear in any existing Greek or Latin document of the Roman period.

On the other hand, the feminine Junia is quite common and well attested in both Greek and Latin inscriptions. In fact, scholars have found over 250 examples of this name in Rome alone.

Textual attestation = Ancient Manuscripts

P^{46} is one of the most significant papyri, which contains all of Paul's letters except the Pastoral Epistles. It is a prime example of early Alexandrian text that preserves nearly all the original wording of Paul's inspired writings. It is an important point that UBS[4] editorial committee determined as follows : IOYΛIAN of Romans 16,7 in P^{46} was mistaken by the scribes. It is a variant for IOYNIAN. The (A) decision of the committee must be understood as applicable only as to the spelling of the name Iounian, not the masculine accentuation.

All the Church Fathers up to about the 12th century agreed that a woman Junia, or Julia(the reading of P^{46} and some versions and Fathers' Lectionaries) is to be understood here.

Greek speaking Father Chrysostom's interpretation is important also as he specially draws attention to Junia being a woman apostle and praises her highly.

To sum up, none of the early versions of the Greek New Testament considered Iounian as anything else but feminine. Also, the only variant on this name in the ancient manuscripts is feminine Julia.

Morphology between Latin and Greek Linguistics

Iunius(not Iunias)/Iunia is a typical common Latin name which transcribes into Greek according to the standard method : Iunius/Iunia is rendered as Ἰούνιος/Ἰουνία.

The accusative form(which is the necessary form in Romans 16) of this name in Latin is Iunium/Iuniam and the gender is readily discernible.

A proper examination of the linguistic evidence regarding the name Iunia shows that the name is feminine, not masculine.

The masculine form of the name is Iunius in Latin and Ἰούνιος in Greek. Thus, there is no ambiguity in the morphology of the masculine and feminine forms of this name in either language.

General rule between the formal and familiar names in Latin

In addition, Latin names of endearment normally lengthen rather than shorten(Priscilla/Prisca). In contrast, Greek names are normally shortened in the familiar form(Epaphras/Epaphroditus). The Junias theory has to be an exception to this general rule. Paul seems to avoid using the familiar forms of Latin names. He writes only the more formal Latin form of Silvanus, not Silas(actually Silas is not a familiar form). Paul writes only Prisca, never the endearing form of Priscilla.

Clarification the translation

Regarding the phrase οἵτινές εἰσιν ἐπίσημοι ἐν τοῖς ἀποστόλοις, this clause is either taken as inclusive, meaning 'who are noteworthy *among* the apostles'(implying that both Andronicus and Junia were apostles) ; or the clause is taken as exclusive, meaning 'who are noted *by* the apostles'(implying that they were not apostles).

The phrase 'by the apostles' expresses the agent of a passive verb(or, in this case, adjective), but, the agent of the passive is regularly expressed in Greek by the preposition ὑπο + the genetive case, not by ἐν + the dative case, which is used to denote impersonal instrument or means.

The translation 'by the apostles' would be correct if Paul had written οἵτινές εἰσιν ἐπίσημοι ὑπό τῶν ἀποστόλων, but he did not write this, rather he wrote οἵτινές εἰσιν ἐπίσημοι ἐν τοῖς ἀποστόλοις, which can only mean 'noteworthy among the apostles'.

Modern translators and commentators have difficulty with Junia because they have a difficulty believing that the term 'apostle' could be used of a woman. This is the reason why this paper has been provided with the lexical and theological definitions of the words(ἐπίσημοι ἐν/apostle) and the role of the Apostle. But this paper has reserved for future study about their apostolic roles in details with Andronicus and Junia since scholars have not determined whether they were nontechnical apostles or solemn apostles of Christ.

Conclusion

In the final chapter, after summing up all the preceding studies, a brief note has been provided regarding the hermaneutical matter about interrelation between Romans 16,7 and 1Timothy 2,12-14.

Upon the conclusion, a sincere hope has been expressed(to be forwarded on the later date) to the publishers(for Greek, English, & Korean versions) for them to print the near future editions with proper revisions to an "acute accent", instead of "circumflex accent" in the Greek accusative case, as well as to "Junia", instead of "Junias" in English.

And the clause 7b must be translated to that "they are outstanding among the apostles", instead of that "they/who are noted by the apostles", as well as in Korean to "그들은 사도들 중에서 뛰어난 사도들입니다. 그리고 유니아는 여자명이라고 주석되어야 한다".

참고문헌

1. 성경

개역 한글판 신약성서. 대한성서공회, 1956/1984.

현대인의 성경. 생명의 말씀사, 1985.

성경전서 표준 새번역. 대한성서공회, 1993.

한영 해설 성경. 아가페(한글성경: 대한성서공회), 1997.

성경전서 개역 개정판. 대한성서공회, 1998.

The Holy Bible, NIV. Zondervan, 1984.

The Holy Bible, RSV. Deutsche Bibelgeselschaft, 1998.

New American Standard Bible. The Lockman Foundation, 1997.

The Holy Bible, KJV. London: EYRE AND SPOTTISWOODE Limited.

NOVUM TESTAMENTUM GRAECE Nestle-Aland. Ed. XXVII. 3rd. Stuttgart: Deutsche Bibelgesellschaft, 1995.

GREEK-ENGLISH NEW TESTAMENT Nestle-Aland 8th ed. 2nd Printing. Deutsche Bibelgesellschaft, 1998.

THE GREEK NEW TESTAMENT 4th Revised Edition. DICTIONARY.

Deutsche Bibelgesellschaft, Stuttgart: United Bible Societies, 1994.

P[46] – The Text of the Earliest New Testament Greek Manuscripts. ed. by P. W. Comfort and David Barret. Wheaton, Illinois: Tyndale House Publisher.

The Greek Manuscripts of the New Testament in Jerusalem. by W. H. P. Hatch.

Westcott and Hort

Majority Text. 2nd edition. by Thomas Nelson Publisher.

2. 참고 논문

Aland, Barbara and Kurt. The Critical Apparatus in *Introduction to NTG NA[27]* (1993) and *NAGENT[8]* (1994).

Aland, Barbara & Kurt, Johannes Karavidopouloos, Carlo M. Martini and Bruce M. Metzger. *Introduction in the Greek New-Testament*, 4th Revised Edition. Deutsche Bibelgesellschaft: United Bible Societies, 1994.

Cervin, Richard S. "A Note Regarding the Name 'Junia(s)' in Romans 16:7" *in New Testament Study*. Vol. 40. 1994.

Packer, James I. "Let's Stop Making Women Presbyters" in *Christian Today*. Vol. 35. No. 2. (Feb. 1991).

Schulz, Ray R. "Romans 16:7: Junia or Junias?" in *The Expository Times*, Vol. 98. ed. James Hasting. Edinburgh, U.K.: T & T

Clark. 1986-1987

3. 한서

권성수. 「성경해석학」. 서울: 총신대학교 출판부, 1991.

박용규. 「초대교회사」. 서울: 총신대학교 출판부, 1994.

박윤선. 「로마서 주석」. 개정2판 22쇄. 서울: 영음사, 1999.

_____. 「성경해석 방법론」 신학지남 33/2(1966.3) 서울:
       총회신학대학교.

유상섭. 「분석 사도행전 Ⅱ」 서울: 생명의 말씀사, 2002

이순환 역편. 「신약성서 헬라어」. 서울: 한국기독교교육연구원, 1971.

이한수. 「갈라디아서」. 서울: 도서출판 횃불, 1997.

_____. 「바울서신의 메시지」. 서울: 총신대학교출판부, 1998.

정훈택. "바울의 여성관". 「기독교교육연구」 제2권 제1집. 서울:
       총신대학교 부설 기독교교육연구소, 1991.

대한성서공회. 「성서가 우리에게 오기까지」. 서울: 대한성서공회 1997

대한예수교장로회 총회 헌법. 1996년 개정. 서울: 대한예수교장로회
       총회 출판부.

4. 양서

Aland, Barbara and Kurt. The Text of the New Testament. trans. by
    Erroll F. Rhodes. Grand Rapids: Eerdmans, 1987.

Balz, Horst Gerhard Schneider. Exegetical Dictionary of the New
    Testament, Vol. 2. Grand Rapids: Eerdmans, 1981.

Barnett, P. W. 'Apostle' in Dictionary of Paul and His Letters. ed.
    by Gerald Hawthone, Ralph Martin and Daniel Reid. A
    Compendium of Contemporary Biblical Scholarship.
    Leicester, U.K.: Inter-Varsity Press, 1993.

Bauer, Walter. A Greek-English Lexicon of the New Testament.
    Chicago: University of Chicago Press, 1979.

Belleville, Linda. Women Leaders and the Church. Grand Rapids:
    Baker Book House, 2000.

_____. Women in Ministry. in Two Views on Women in Ministry.
    Grand Rapids: Zondervan Publishing House, 2001.

Betz, Hans Dieter. 'Apostles' in Anchor Bible Dictionary. ed. by
    David Noel Freedman. Vol. 1. New York: Bantam
    Doubleday Dell, 1992.

Blass, F. & R. W. Funk. A Greek Grammar of the New Testament
    and Other Early Christian Literature. 1961.

Bowman, Ann L. Women in Ministry. in Two Views on Women in
    Ministry. Grand Rapids: Zondervan Publishing House, 2001.

Brooten, Bernadette. "Junia ⋯ Outstanding among the Apostles" in
    Women Priest. A Catholic Commentary on the Vatican

Declaration. ed. by Leonard and Arlene Swidler. Paulist Press, 1977.

Bruce, F. F. "Galatians 3:28, CONDRUM or SOLUTION" in Women, Authority & Bible. ed. by Alvera Mickelsen. Downers Grove: Inter-Varsity Press, 1986.

Calvin, John. The Calvin Commentary, Romans, trans. 서울: 성서원: 1999.

Carson, D. A. Exegetical Fallacies. 박대영 역. 서울: 성서유니온선교회, 2002.

Carson, D. A. & John Woodbridge. Hermeneutics, Authority and Canon.

Grand Rapids: Zondervan Publishing House, 1986.

Chrysostom, John. Homiles on Romans 31, Rom. 16.7.

Clark, Andrew C. "The Role of the Apostles" in Witness to the Gospel. ed. by I. Howard Marshall and David Peterson. Cambridge, U.K.: Eerdmans, 1998.
Comfort, Philip Wesley. Early Manuscripts and Modern Translations of the New Testament. Grand Rapids: Baker Books House, 1990.

_____. The Quest for the Original Text of the New Testament. Grand Rapids: Baker Books House, 1992.

Comfort, P. W. & David Barrett. The Text of the Earliest New Testament Greek Manuscripts. Wheaton, Illinois: Tyndale House Publisher.

Cranfield, Romans, I.C.C. in Anchor Bible Dictionary. Vol. 1. Peter Lampe.

Deissmann, Adolf. Light from the Ancient East. Grand Rapids: Baker Books House, 1978.

Douglass, J. D. 「칼빈의 여성관」. 심창섭 역. 서울: 무림출판사, 1990.

Dunn, James. Word Biblical Commentary. Vol. 38B. Dallas: Word Books Publisher, 1988.

Evans, Mary J. 「성경적 여성관」. 정옥배 역. 서울: Inter-Varsity Press, 1993.

Foh, Susan T. "A Male Leadership View" in Women in Ministry. ed. by Bonnidell Clouse & Robert G. Clouse. Downers Grove, Illinois: Inter-Varsity Press, 1989.

Freedman, David Noel. The Anchor Bible Dictionary. Vol. 3. New York: Bantam Doubleday Dell, 1992.

Grenz, Stanley J. & Denise Muir Kjesbo. Women in the Church. Inter-Varsity Press, 「교회와 여성」. 이은순 역. 서울: 기독교문서선교회, 1997.

Hodge, Charles. A Commentary of Romans. Edinburgh, U.K.: The Banner of Truth Trust, 1997.

Hurley, James B. Man and Women in Biblical Perspective, 「성경이 말하는 남녀의 역할과 위치」. 김진우 역. 서울: 여수룬, 1989

Kaesemann, Von Ernst. An Die Römer. 한국신학연구소 역. 서울:

Keener, Craig S. Paul, Women and Wives, Hendrickson Publishers,

Peabody, Massachussetts, 1992 「바울과 여성」. 이은순 역. 서울: 기독교문서선교회, 1992.

_____. 「신약성경 배경 주석」. 정옥배 역. 서울: Inter-Varsity Press, 1993.

_____. Women in Ministry in Two Views on Women in Ministry. Grand Rapids: Zondervan Publishing House, 2001.

Kim, S. Y. The Origin of Paul's Gospel, J.C.B. Mohr, Tübingen, 1984 「바울복음의 기원」. 홍성희 역. 서울: 도서출판 엠마오, 1994.

Kittel, Gerhard & Gerhard Friedrich. Theological Dictionary of the New Testament. Vol. 1. Grand Rapids: Eerdmans, 1964/1995.

Kruse, C. G. 'Apostle' in Dictionary of Jesus and His Gospel. ed. by Joel G. Green, Scot McKnight, I. Howard Marshall. Leicester, U.K.: Inter-Varsity Press, 1992.

_____. 'Apostle' in Dictionary of the Later New Testament and Its Developments. ed. by Ralph Martin & Peter H. Davids. A Compendium of Contemporary Biblical Scholarships. Downers Grove, Illinois: Inter-Varsity Press, 1997.

Lampe, Peter. "The Roman Christians of Romans 16" in the Romans Debate. ed. by Karl P. Donfried. Peabody, Massachusetts: Hendrickson Publishing, 1977/1991.

_____. 'Andronicus' in the Anchor Bible Dictionary. Vol. 1. New York: Bantam Doubleday Dell, 1992.

Lenski, R. C. H. The Interpretation of St. Paul's Epistle to the

Romans. Minneapolis: Augsburg Publishing House.

Liddell, H. G. & R. Scott. Greek English Lexicon. Liddell & Scott. 9th ed. Oxford, U.K.: Clarendon Press, 1996.

Liefeld, Walter L. "A Plural Ministry Response" in Women in Ministry. ed. by Bonnidell Clouse & Robert G. Clouse. Downers Grove, Illinois: Inter-Varsity Press, 1989.

Lietzmann, H. An die Römer. Tübingen, Deutschland, 1933.

Ludemann. The Historicity of the Acts Traditions, in the Anchor Bible Dictionary. P. Lampe. New York: Bantam Doubleday Dell Publisher.

Metzger, Bruce M. The Text of the New Testament, 1991, 「사본학」. 강유중.장국원 역. 서울: 기독교문서선교회, 1999.

_____. A Textual Commentary on the Greek New Testament. 2nd Edition. Deutsche Bibelgesellschaft, United Bible Societies, 1994.

Mickelsen, Alvera. Women, Authority & The Bible. Downers Grove, Illinois: Inter-Varsity Press, 1986.

_____. "An Egalitarian Response" in Women in Ministry. ed. by Bonnidell Clouse & Robert G. Clouse. Downers Grove, Illinois, Inter-Varsity Press, 1989.

Morris, Leon. The Epistle to the Romans. Grand Rapids: Eerdmans, 1988.

Newmann & Nida. A Translator's Handbook on Paul's Letter to the

Romans. Stuttgart, United Bible Societies.

Piper, John & Wayne Grudem. "An Overview of Central Concerns" in Recovering Biblical Manhood and Womanhood. Wheaton, Illinois: Crossway Books, 1991.

Rengstorf, K. H. Josephus Concordance in Theological Dictionary of New Testament. ed. by Gerhard Kittel, Gerhard Friedrich. Vol. 7. Grand Rapids: Eerdmans.

Robertson, A. T. A Grammar of the Greek New Testament in the Light of Historical Research. New York: Hodder and Stoughton, 1914.

Sanday, William & Authur Headlam. The International Critical Commentary. Epistle to the Romans. Edinburgh, Scottland: T & T Clark, 1980.

Schreiner, Thomas R. "The Valuable Ministries of Women in the Context of Male Leadership" in Recovering Biblical Manhood and Womanhood. Wheaton, Illinois, Crossway Books, 1991.

_____. Women in Ministry in Two Views on Women in Ministry. ed. by James R. Beck and Craig L. Blomberg. Grand Rapids: Zondervan Publishing House, 2001.

Stott, John R. W. The Message of Romans. Leicester, U.K.: Inter-Varsity Press, 1994.

Stuhlmacher, Peter. Paul's Letter to the Romans. Westminster: John Knox Press, 1994.

Wallace, Daniel B. The Basics of the New Testament Syntax-An

Intermediate Greek Grammar. Grand Rapids: Zondervan, 2000.

Warfield, Benjamin B. The Inspiration and Authority of the Bible. Philadelphia: Presbyterian and Reformed, 1948.

Williams, Don. The Apostle Paul and Women in the Church, 「바울의 여성관」. 김이봉 역. 서울: 기독교문사, 1982.

가을에 떠나간 사람

故황영자(강영자)의 48년 동반자,
황의각의 아내 회고록

　내가 강영자(1944년 11월 2일생: 1969년 10월 29일 나와 결혼 후 이름을 '황영자'로 바꿈)를 처음 만난 것은 1969년 6월 초 어느 날이었다. 내 조부님의 누님의 딸(내 부친의 이종사촌)께서, 당시 성북구 장위동에서 아직 출가하지 않은 두 명의 여동생과 막내 남동생과 함께 살고 있던 내 집을 방문하셨다. 나는 이리 원광대학에서 1967년부터 전임강사로 강의하며 주말에 동생들을 보러 서울에 올라오곤 했다. 그 고모님께서 방문하셔서 나에게 "너는 30이 되도록 장가도 안가고, 늙으신 부모님은 시골에 두고 이렇게 사느냐"고 하시며 걱정을 하시기에 좋은 곳 있으면 중매를 부탁 드렸다. 고모님은 당장 나가시더니 저녁 늦게 다시 오셔서 다음 주 토요일 오후 광화문의 어느 다방에서 자기와 같이 섬기는 교회의 신순옥 권사와 그 딸이 나오기로 약속했다고 하셨다. 고모님이 들려주시는 그 가족의 소개는 이러했다.

　함경도 이원군에서 교회 장로이자 과수원을 경영하던 그녀의 부친 강득필 장로는 1950년 6·25전쟁이 발생했을 때 북조선 당국에 의해 숙청 학살 당하고 그녀의 모친 신순옥 여사는 1·4 후퇴 시 어린 자녀들을 데리고 피난을 내려와 부산에서 쌀가게로 생계를 이어가는 중에 그녀는 부산의 경남여중을 졸업하고 1963년 서울의 경기여고에 입학하자 다른 자녀들을 모두 데리고 서울로 와서 사는 지 여러 해가 되었다는 것이다.

　고모님의 강권으로 나는 그 다음 주말 전북 이리에서 상경하여 약속
한 다방으로 나갔다. 그런데 고모님과 1시간가량 기다려도 여자 쪽에서
는 나오지 않았다. 당시 집에 전화도 없던 시절이어서 서로 연락도 못
하고 내게 미안해진 고모님이 나를 강제로 데리고 행당동 언덕 위 판
자촌 동네의 어느 집으로 갔다. 나는 입구에 서 있고, 두 늙은 여자분
들이 나를 쳐다보며 한참 이야기 나누시더니 내게 다가와서 자기 딸이
갑자기 어느 약국의 주말 약사 일을 하게 되어 오늘 부득이 나갈 수
없게 되었다며 미안하니 다음 주일 오후로 약속을 다시 하자고 했다.

　그런데 그 다음 주일 만남에는 고모님이 연락도 없이 나오시지 않았
고, 강영자 모녀만 나왔다. 한 주 전에 고모님이 나를 끌고 가셔서 행
당동 언덕 위 판자 집 앞에서 잠시 그 어머님(신순옥 권사)을 보았기
때문에 서로 알아보고 상면인사를 하게 되었다. 그 후 우리 둘은 주말
에 두 번 더 만났다. 그리고 내가 결혼 요청을 했다. 솔직히 처녀인데
고생을 한 탓인지 얼굴에 기미가 있고 하여 내 마음으로 "이 여자는
내가 데려가지 않으면 시집 못갈 것 같다(?)"는 생각이었다. 그리하여
1969년 6월 중순 소련이 스푸트닉 인공위성을 처음　올린 쏘아올린
내가 프로포즈하여 8월 초에 약혼하고, 그 해 10월 29일 결혼했다.

　약혼하기 1주 전인 8월 1일부터 나는 주한 미국 국제개발처 농업국
(USAID/RDD)에 취직이 되어 봉급이 당시 대학교수의 약 2배를 더 받
고 좋은 환경에서 일하게 되었다. 아내는 결혼 후 얼굴 빛깔도 맑아지
고 예뻐져 모든 친지들이 잘 생겼다고 칭찬했고, 나는 무엇보다 그녀의
순수함과 아름다운 마음을 평생 좋아하고 감사하며 살아왔다.

　1969년 10월 29일 우리 결혼식은 당시 종로 2가에 있던 YWCA 강

단에서 간략히 치렀는데, 내가 새로 일하게 된 미국 국제개발처(USAID)의 미국인들이 많이 참석해주어서 주례를 해주셨던 내 대학 은사교수님이 놀라워하셨다.

결혼 후 시골의 부모님을 서울 집으로 모시고, 1970년 11월에 딸 미령을 낳고, 1972년 1월 아들 세연을 출산하고 1972년 8월 말 나는 미국제개발처(USAID)에서 여비를 마련해주어 미국 유학을 떠났다. 내가 유학 가서 학위과정 마치는 동안 안식구 강영자는 내 부모님과 동생들을 한집에 데리고 살며 장위동에서 작은 약국을 운영하며 생활을 이끌어갔다. 나에게는 알려주지 않아 모르고 지났는데, 아내는 이 기간 중 폐결핵으로 치료를 받았고, 당시 이화여자대학교 의과대학의 병리학 교수였던 안식구의 삼촌 고 강득용님의 도움을 많이 받은 것으로 들었다. 그러면서 아내는 내 아래 여동생 하나를 출가까지 시키고, 1975년 말에 두 자녀를 데리고 미국에 있는 나에게로 왔다. 당시 미국 영사관에서 재정적 이유로 학생의 부인 비자를 몇 번 거절하다가 약사 이민신청을 권하여 이민 비자로 미국에 왔다.

한국에 남아 계신 부모님과 동생들의 생활비로 나는 학교에서 매월 받는 TA/RA(연구 및 강의 조교) 장학금 중 절반을 한국으로 송금하고, 미국에서 부족한 생활비의 일부는 하기방학 중 농장이나 야간 통조림 공장에서 일하고, 아내는 다른 집의 아이 돌보는 일(baby sitting)을 해서 충당하며 꾸려나갔다. 나는 1976년 8월 학위를 받고 9월 서강대학에 취직이 되어 혼자 나왔다가 1977년 3월 시카고 대학(University of Chicago) 경제학과에서 초청해서 다시 미국으로 돌아갔다.

그동안 안식구는 내가 공부했던 오레곤 대학(University of Oregon)에 계속 머물며 회계학 공부를 해서 우리가 시카고로 옮긴 후 시카고

대학 인근에 있던 미국변호사협회(American Bar Association)에 회계사로 취업이 되었다. 그러다가 나는 영남대학교에 잠시 나와 있었는데, 1982년 1월 결혼하여 아들 하나 낳고 서울에서 생활하던 아우(1950년생)가 교통사고로 갑자기 사망하는 바람에 한국으로 돌아올 결심을 하고는 그 해 3월에 모교인 고려대학교로 자리를 옮기고, 미국에 있던 온 가족을 귀국시켰다. 귀국 후에 안식구는 서울에 있던 영국 로이드 은행에서 2년 일한 다음 독일 상공회의소 서울사무소에서 회계사로 일하며 가정 경제를 도왔다.

그러던 중, 아내는 그동안 해보고 싶던 신학공부를 하려고 1997년 가을학기에 총신대학교 대학원에 입학하여 목회학석사[81]와 신학석사[82] 학위를 받고, 계속 공부하여 총신대학교 일반대학원에서 2017년 2월 졸업식에서 신학박사[83] 학위를 받았다.

강영자는 신학석사 학위 논문에서 로마서 16장 7절의 유니아가 남성이 아닌 여성 사도였다는 것을 여러 고증과 '헬라어 문장과 문맥 그리고 문법'을 통해 밝혀내는 데 심혈을 기울였다. 그녀는 꾸준히 성경에 나오는 여자 사역자들의 존재와 그들의 헌신과 기여에 대해 관심을 가지고 연구했다.

그녀는 박사 학위 논문을 쓰고 있던 2016년 6월 건강 검진에서 폐암 3기 진단을 받고 투병하면서도 2016년 박사학위(Ph.D) 논문을 마쳤다. 학위를 받은 후 암세포가 뼈와 뇌 등으로 전이가 되었다는 진단을 받고도 그녀는 쉬지 않고 일했고 2017년 9월과 10월 약 2개월간 고려대 안암 병원에 입원해 나의 병간호를 받았다. 그러나 10월 24일

---

81) M.Div 학위논문: "신약성경에 나오는 여성사역자의 명칭에 관한 연구", 1999년
82) Th.M 학위논문: "Accent 하나! - 유니아(롬16:7)에 대한 고찰", 2003년
83) Ph.D 학위논문: "바울의 눈에 비친 아담과 하와: 바울서신의 남녀관", 2016년

아침 9시 50분경 주치의와 미국에서 달려온 딸 미령의 손을 잡은 채, 맑은 눈으로 말없이 (목이 부어 1주일 전부터 말을 못했음) 남편인 나를 쳐다보며 조용히 영면에 들어갔다.

그녀는 일평생 찬양하며 신학공부를 깊이 해 보고 싶어 했었다. 음악대학을 가고 싶었는데 생활 문제도 있고 주변의 권고로 약학을 전공하게 되었다. 나와 결혼 후에도 남편이 경제학 학위를 마치고 자리가 잡히면 신학공부를 꼭 하고 싶어 하며 살아왔는데, 말년에 자기 소원을 어느 정도 성취하였기에 비록 더 생존하며 더 헌신하지 못하고 일찍 떠나 몹시 안타깝기는 하나 남편으로서는 그나마 위안이 된다. 그녀가 특히 좋아하던 찬송 중의 하나는 시편 150장 2절을 기초로 한 찬송가이다.

> 큰 영광 중에 계신 주 나 찬송합니다.
> 영원히 계신 주 이름 나 찬송합니다
> 한없이 크신 능력을 나 찬송합니다
> 참되고 미쁜 그 언약 나 찬송합니다
> 온 천지 창조하시던 그 말씀 힘 있어
> 영원히 변치 않는 줄 나 믿사옵니다
> 그 온유하신 주 음성 날 불러주시고
> 그 품에 품어 주시니 나 찬송합니다. 아멘

사실 남편인 내가 1976년 6월 위암 수술을 받고 위를 80% 이상 절단하고 3일 후 출혈로 위를 다시 개봉하여 내장을 세척하는 와중에도 모든 일을 하나님께 맡기고, 아내 강영자는 총회신학대학 입학시험을 준비하여 합격하고 공부를 시작한 여인이었다. 그 후로는 2017년 2월 신학박사 학위를 받기까지 평소 남편과 보조를 맞추어 같이 해야 할 일들을 미루거나 남편에게 위탁하며, 말로는 자신이 공부 끝내고 난 후에 못다 한 남편에 대한 빚진 마음 돌려주겠다고 말을 하곤 했다. 물론 모두 립 서비스(lip service)로 끝나버렸지만 그 당시 스스로 남편에 대한 미안함을 담고 있었다.

그녀는 가정적으로도 함경도 출신 또순이 기질이 있어서 인내심이 강하고 그러면서도 무척 순종적이었다. 자기가 정당한 경우에도 남편인 내가 우기거나 밀고 나가면 일단 더 이상 자기주장은 멈추고 기다리는 성품이었다. 자녀들을 꾸중할 일이 있어도 남편 보는 앞에서는 절대 하지 않다가 없을 때 하는 것으로 나는 감을 잡은 적이 있다. 남편의 외출 시 의복 차림에 부인으로서 어쩌다 신경을 쓰는 경우도 있었지만, 남편이 외형 차림에 별로 개의하지 않고 소탈하게 사는 태도에 오히려 자신도 알게 모르게 동화되어온 것을 무척 자족스러워하며 노후를 살다 갔다. 내가 보아온 안식구는 교회생활과 신앙에 모든 생활의 무게를 두고 있었다.

아마 남편인 나는 천국 문 입구에서 거절당할 확률이 상당히 높지만, 그러나 예수님을 최고로 사랑하며 일평생을 살다간 내 아내 강영자 권사는 분명 천국에 가 있을 확률이 100%일 것으로 믿는다. 사후세계는 특정 남편, 특정 부인의 관계가 없는 세계일 것이다. 따라서 우리가 부부로 만난다는 것은 없을지도 모른다. 이 땅에서 함께 살아오던 우리 모두는 지구를 떠나는 순간 서로 영원히 헤어지게 될지도 모른다. 물론 나는 사후세계에 대해 솔직히 아무 것도 아는 것이 없다.

　"나와 이 지구에서 48년 동안 아내와 남편으로 일심일체가 되어 가장 절친한 친구였고 동고동락해 왔던 당신은 모든 지난 일을 덮고, 2017년 가을에 나를 떠나간 사람입니다. 황혼 빛에 물든 뭉실 구름 타고 지나가는 당신의 모습이 내 눈에 선하게 보여 내 그리운 마음이 눈물을 삼킵니다. 또 한 해의 가을 하늘과 10월이 저물고 나면, 또 어느 먼 마을에서 새벽 여명에 수탉의 홰치는 소리가 다시 들려올까요? 내 사랑하는 아내였던 당신은 어제도 오늘도 아니고, 가을에 내 곁을 떠나갔습니다. 당신은 나를 잊고 세월은 당신을 잊게 될 것입니다. 그러나 당신의 연구 결과는 책으로 영구히 남게 될 것입니다. 이제 무거운 짐 모두 내려놓고 편히 쉬세요."

"Come to me, all you who are weary
and burdened, and I will give you rest."
-Matthew 11:28.

　이 짧은 아내와의 작별의 글을 남기면서, 그동안 강영자 권사를 사랑해주시고 도와주신 모든 친구, 신앙 안의 형제자매님들과 특별히 총신대에서 아내의 연구를 지도 편달해주신 박형대 지도교수님을 비롯하여 모든 교수님들께 깊은 감사를 드립니다.

2018년 10월
황의각